Ärzte und Pflegende, die keine Organe spenden wollen

RECHT & MEDIZIN

Herausgegeben von den Professoren
Dr. Erwin Deutsch, Dr. Adolf Laufs, Dr. Hans-Ludwig Schreiber

Bd./Vol. 68

PETER LANG

Frankfurt am Main · Berlin · Bern · Bruxelles · New York · Oxford · Wien

Jutta Müller

Ärzte und Pflegende, die keine Organe spenden wollen

Transplantatmangel muss nicht sein

PETER LANG
Europäischer Verlag der Wissenschaften

Bibliografische Information Der Deutschen Bibliothek
Die Deutsche Bibliothek verzeichnet diese Publikation in der
Deutschen Nationalbibliografie; detaillierte bibliografische
Daten sind im Internet über <http://dnb.ddb.de> abrufbar.

Zugl.: Halle-Wittenberg, Univ., Diss., 2003

Der Druck erfolgte durch die finanzielle Unterstützung
der Firma Novartis.

3
ISSN 0172-116X
ISBN 3-631-52047-6
© Peter Lang GmbH
Europäischer Verlag der Wissenschaften
Frankfurt am Main 2004
Alle Rechte vorbehalten.

Das Werk einschließlich aller seiner Teile ist urheberrechtlich
geschützt. Jede Verwertung außerhalb der engen Grenzen des
Urheberrechtsgesetzes ist ohne Zustimmung des Verlages
unzulässig und strafbar. Das gilt insbesondere für
Vervielfältigungen, Übersetzungen, Mikroverfilmungen und die
Einspeicherung und Verarbeitung in elektronischen Systemen.

www.peterlang.de

Danksagung

Besonderer Dank gilt meiner Familie. Jederzeit hat sie mich unterstützt, damit mir das Schreiben dieser Arbeit ermöglicht worden ist.

Ein weiterer besonderer Dank kommt Prof. Dr. phil. habil. Johann Behrens, Direktor des Instituts für Gesundheits- und Pflegewissenschaft der Medizinischen Fakultät der Martin-Luther-Universität Halle-Wittenberg, zu. Viel seiner Zeit habe ich in Anspruch nehmen müssen. Bedingt dadurch, da während der Zeit der Erarbeitung in all den Jahren keine andere Reflektion des Themas in Praxis und Theorie möglich war.

Die intensive Beschäftigung und direkte Konfrontation mit dem Thema der Organ- und Gewebespende in einer zehnjährigen Berufspraxis im Intensivbereich und auch über einige Jahre in der Theorie ist zeitweise nicht einfach gewesen.

Bedanken möchte ich mich bei Prof. Dr. Dr. h.c. Hans-Ludwig Schreiber, der mir die Veröffentlichung in dieser Reihe ermöglicht hat.

An dieser Stelle möchte ich mich ebenfalls bei allen Personen bedanken, die mir während der Zeit der Entstehung der Arbeit geholfen haben.

Meinen Eltern

Vorwort

Womit hängt die Weigerung einiger informierter Pflegekräfte und Ärzte zusammen, ihre Organe und Gewebe nach ihrem Tod zu spenden?

Johann Behrens

Die Organtransplantation hat als medizinisch beherrschtes etabliertes Verfahren vielen Menschen das Leben gerettet und wird es anderen retten können. Die Öffentlichkeit, die Kirchen, die Behörden, die Politiker befürworten in Umfragen immer wieder die Organspende. Schenke Dein Herz, fordert uns eine päpstliche Enzyklika auf. Dennoch sterben jährlich immer noch Patienten, die auf der Warteliste stehen, aufgrund mangelhafter Verfügbarkeit transplantierbarer Organe. Andere warten vergeblich auf entscheidende Gewebe, wie die Cornea der Augen.

Im Prozess der Organ- und Gewebespende halten Pflegekräfte und behandelnde Ärzte in doppelter Hinsicht eine Schlüsselposition inne. Sie sind für das Erkennen eines potentiellen Spenders zuständig und führen in aller Regel die Gespräche mit den Angehörigen, die die Voraussetzungen für die Organspende erst klären und ermöglichen. Ihre Schlüsselrolle gewinnt durch einen Umstand entscheidende Relevanz. Alle auf die deutsche Bevölkerung bezogene Befragungen stimmen nämlich, so unterschiedlich die Qualität dieser Befragungen auch sein mag, in der Hochrechnung überein, dass eine deutliche Mehrheit der deutschen Bevölkerung ihre Organe spenden würde, aber nur eine Minderheit zwischen 10% und 16% diese Absicht auch in einem Organspendeausweis dokumentiert. Pflegekräften und behandelnden Ärzten kommt durch diese Lücke zwischen der Spende-Absicht, ihrer Dokumentation oder der mündlichen Weitergabe des eigenen Willens an die Angehörigen die Schlüsselrolle zu, im Gespräch mit den Angehörigen diese Lücke wahrheitsgemäß zu schließen.

Da überrascht es, dass nennenswerte Teile sogar derjenigen Ärzte und Pflegekräfte, die unmittelbar selber mit Organspende und Transplantationen befasst sind, nicht dazu bereit sind, im Fall ihres eigenen Todes ihre Organe und Gewebe zu spenden.

Dieser Befund aus der vorliegenden Arbeit der Autorin Jutta Müller ist deswegen überraschend, weil dieser Personenkreis verglichen mit der Gesamtbevölkerung, aber auch verglichen mit anderen Bereichen der Behandlung und Versorgung besonders intensiv mit den Fragestellungen der Organspende und Transplantation befasst ist. Daher muss die explizite Verweigerung der eigenen Organspende andere, schwerwiegende Gründe haben. An mangelnder Befasstheit, mangelnder Informiertheit, mangelnder Aufmerksamkeit kann es nicht liegen. Diese Pflegenden und Ärzte vergessen nicht, einen Organspendeausweis

auszufüllen oder ihre Angehörigen über ihre Entscheidung zu informieren: Sie verweigern die schriftliche oder mündliche Mitteilung ihrer eigenen Entscheidung.
Ihre Gründe gilt es zu verstehen, diesen Zusammenhang mit anderen Überzeugungen zu sehen und in ihrer quantitativen Verbreitung einzuschätzen, bevor man sie verurteilt oder gutheißt.
Die Autorin Jutta Müller nähert sich diesem Ziel erstens mit offenen schriftlichen und mündlichen Befragungen und zweitens mit Aufarbeitungen der eigenen zehnjährigen pflegerischen Tätigkeit auf einer neurochirurgischen Intensivstation und dann in der Sicherung der Prozessqualität von Organspende und Transplantationen. Drittens versucht sie, die Verbreitung der Verweigerung der eigenen Organspende in einer multizentrischen Studie für ausgewählte Klinikbereiche zu erheben und den Zusammenhang dieser Verweigerung mit anderen Überzeugungen und Umständen zu erkennen. Dabei bedient sie sich eines Fragebogens, der von ihr am Institut für Gesundheits- und Pflegewissenschaften der Medizinischen Fakultät Halle zusammen mit ZUMA, Mannheim, entwickelt wurde. Sowohl die offene Befragung als auch den Fragebogen setzte die Autorin in einer Vollerhebung der Ärzte und Pflegenden einer neurochirurgischen Intensivstation in einer Fachklinik in den alten Bundesländern sowie dreier Intensivstationen einschließlich einer Kinderintensivstation in einem Universitätsklinikum der neuen Bundesländer ein. Die Auswahl dieser Kliniken erfolgte kontrastierend gemäß zu prüfenden Erwartungen. Wie bei vielen klinischen Untersuchungen erlaubt die Untersuchung exakt eine Aussage über die Professionsangehörigen dieser untersuchten Kliniken. Wieweit diese Ergebnisse auf anders gelagerte Kliniken verallgemeinerbar sind, ist immer in Replikationen dieser Untersuchung zu erweisen.
Eingebettet ist diese Untersuchung in eine sachkundige und umfassende Prüfung der zahlreich vorhandenen Literatur. Praxiserfahrungen der Autorin sind in Verbindung mit der Literaturanalyse in Prozess-Ablaufdarstellungen eingegangen, die zu den wertvollen und diskussionswürdigen Teilen dieses Buches zählen. Einige Teile dieses Buches lagen in anderer Form der Medizinischen Fakultät in Halle-Wittenberg als Dissertationsschrift im Fach Gesundheits- und Pflegewissenschaften vor, andere sind neu für diesen Band geschrieben worden.
In Verbindung mit der Bearbeitung der Literatur werden hypothetisch eingeführte und aus der Erfahrung entnommene Faktoren auf ihren Zusammenhang untereinander geprüft. Diese Faktoren sind unter anderem:
- Kenntnis des Hirntodes und Akzeptanz seiner Bedeutung als sicheres inneres Todeszeichen des Menschen
- konfessionelle Bindung
- Erfahrungen in der intensivmedizinischen Pflege und intensivmedizinischer Behandlung hirntoter postmortaler Organspender
- Umgang mit Angehörigen
- Zögern bei der Meldung von Organspendern an das zuständige Transplantationszentrum.

Diese Faktoren werden zum Teil in Beziehung gesetzt zur Theorie des geplanten Verhaltens von Ajzen und Fishbein und zur einem von der Autorin ausgearbeiteten Flussmodell des Entscheidungsprozesses zur Organspende. Da es sich um eine Querschnitts- und keine Längsschnitterhebung handelt, kann auch das Flussmodell des Prozesses im Intensivbereich bis zur Einwilligung oder Ablehnung einer Organspende durch die Untersuchung zwar nicht im Längsschnitt nachvollzogen, wohl aber plausibel begründet werden.

Eine Überprüfung der Theorie des geplanten Verhaltens war nicht Gegenstand dieses Buches, wenn es auch zu deren Diskussion einiges beiträgt. Für die beabsichtigte Zusammenhangsklärung erweisen sich die mono- und multivariaten Analysen als angemessen, die die Autorin unter engagierter Beratung von Prof. Dr. Dr. h.c. Hans-Ludwig Schreiber der juristischen Fakultät Göttingen, von Prof. Dr. Heinz Angstwurm der Neurologischen Klinik und Poliklinik der Ludwig-Maximilians-Universität München und des biometrischen Institutes der Halleschen Universität durchführte. Unterschiedliche Rückläufe der Fragebögen in den beiden untersuchten Kliniken und die schwierige Abgrenzbarkeit der unabhängigen Variablen, so dass die Kausalitätsrichtung in dieser Querschnittsuntersuchung unsicher ist, werden von der Autorin angesprochen. So kann die von den Pflegekräften und Ärzten bei sich selbst eingeschätzte Unkenntnis aller Hirntodkriterien eher die Folge der mangelnden Bereitschaft zur eigenen Organspende sein als deren Ursache. In vorliegender Querschnittsuntersuchung sind Korrelationen, nicht aber Aussagen über Wirkungen gesichert. Aber schon auf der Grundlage von Querschnittanalysen können, weil die Hypothesen präzise genug formuliert sind, die Ansichten widerlegt werden, dass Informationsdefizite, Konfessionszugehörigkeit, Alter und Berufserfahrung entscheidende Hindernisse für die Bereitschaft zur eigenen postmortalen Organspende sind. Gleichwohl zeigen sie interessante Korrelationen, insbesondere Belastungen bei der Versorgung von Organspendern und bei Gesprächen mit Angehörigen korrelieren mit der eigenen Organspendebereitschaft.

Vor diesem Ergebnis erweist sich ein Nebenergebnis der Arbeit als relevant, das ursprünglich nicht zu den hypothetischen Erwartungen gehörte: In beiden Kliniken zögerten Ärzte, die Meldung potentieller Organspender an das zuständige Transplantationszentrum weiter zu leiten, um Gespräche mit Angehörigen zu vermeiden, bei gleichzeitiger Bereitschaft zur eigenen postmortalen Organspende. Die Fallzahl reichte nicht aus, um hierzu ein eigenes Risikoprofil zu entwickeln.

Abschließend weist die Autorin in sehr nachvollziehbarer Weise auf die Richtung weiterer Forschungsbedarfe hin. Hierzu sind insbesondere Interventionsstudien zu zählen. Sie könnten die von der Autorin vermuteten organisatorischen Bedingungen variieren oder in einer Beobachtungsstudie tatsächlich variierende Organisationsbedingungen auf ihre Wirkungen hin interpretieren. Da Untersuchungen zur Theorie des geplanten Verhaltens (Ajzen/Fishbein) zwar gut den Verhaltensplan, nicht aber das tatsächliche Verhalten erklären können,

sind Untersuchungen zum tatsächlichen Verhalten und seiner Erklärung unerlässlich. Wie schon Husserl in Anschluss an Mead zeigte, ist unsere Handlungsabsicht nur eine der Ursachen für unsere tatsächlichen Handlungen.
In diesem Buch hat die Autorin die vorhandene Literatur breit ausgewertet, ihre äußerst umfangreichen Pionier-Untersuchungen mit sehr großem eigenen Einsatz durchgeführt, die Methoden mit Präzision und hinreichender Begründung in der Untersuchung eingesetzt. Das wird die Lektüre ihres Buches zu einer Klärungshilfe für alle machen, die am Thema der Organ- und Gewebespende und der Transplantation interessiert sind.

Inhaltsverzeichnis

Vorwort 9

Abbildungsverzeichnis 15

1. Ausgangsphänomen 16
  1.1. Einleitung 16
  1.2. Fragestellungen der Arbeit 20
  1.3. Literaturstand 21

2. Orientierende Erklärungsheuristiken 23
  2.1. Erklärungsheuristiken allgemein 23
    2.1.1 Ebene I: Prozessmodell der Makroebene 23
    2.1.2 Ebene II: Prozessmodell der Mesoebene 25
    2.1.3 Ebene III: Prozessmodell der Mikroebene 31
    2.1.4 Theorie des geplanten Verhaltens (TOPB) und Ableitung
der TOPB auf die Variable der Spendebereitschaft 33
    2.1.5 Welche Hypothesen würden aus der Theorie
des geplanten Verhaltens folgen? 37
  2.2 Erklärungsheuristiken bereichsspezifisch 42
    2.2.1 Einfluss der Sozialpsychologie, der Organisations- und der
Personalentwicklung auf Stationsstrukturen im Intensivbereich 42
    2.2.2 Einfluss der Institution Kirche auf die Thematik Organ-
Gewebespende / Transplantation 48
    2.2.3 Einfluss des Gewissens auf die Betreuung und Versorgung
von Organ-Gewebespendern 51
  2.3. Hypothesen 55

3. Methodik der Datenerhebung 57
  3.1. Fragebogen 57
  3.2. Datenerhebungen 57
    3.2.1 Datenerhebung 1 - Klinik in den alten Bundesländern 58
    3.2.2 Datenerhebung 2 - Klinik in den neuen Bundesländern 59
  3.3. Vorstellung der Teilnehmer der Untersuchungen 59
    3.3.1 Altersverteilung der Teilnehmer 59
    3.3.2 Geschlechtsverteilung der Teilnehmer 61
    3.3.3 Berufserfahrung der Teilnehmer 61
    3.3.4 Konfessionszugehörigkeit der Teilnehmer 62

4. Spendebereitschaft des Fachpersonals	**64**
4.1. Spendebereitschaft allgemein	64
4.2. Spendebereitschaft bezogen auf einzelne Organe	65
4.3. Gruppen der Nicht-Spender in Klinik A und Klinik B	67
4.4. Organspendeausweis	68
5. Überprüfung der Hypothesen	**71**
5.1. Zusammenfassungen (Kurzdarstellungen) der Hypothesen 1 – 5	71
5.1.1 Hypothese 1	72
5.1.2 Hypothese 2	73
5.1.3 Hypothese 3	75
5.1.4 Hypothese 4	79
5.1.5 Hypothese 5	82
5.2. Risikoprofile für Kliniken A und B, die zur Ablehnung der postmortalen Spendebereitschaft des Fachpersonals führen	86
5.3. Hypothese 6	90
6. Diskussion	**97**
6.1. Schlussfolgerung	97
6.2. Rückbezug zu Kapitel 2	101
Literaturverzeichnis	**103**
Anhang 1: Fragebogen	**113**
Anhang 2: Antworten der Studienteilnehmer	**121**

Abbildungsverzeichnis

Abb. 1: Prozessmodell Mikroebene 24
Abb. 2: Prozessmodell Mesoebene 25
Abb. 3: Prozessmodell Mikroebene 32
Abb. 4: Modell der TOPB bezogen auf die Spendebereitschaft und deren Erklärung 36
Tbl. 1: Datenerhebungen Klinik A und Klinik B 57
Abb. 5: Alter, Klinik A 60
Abb. 6: Alter, Klinik B 60
Tbl. 2: Geschlecht, Kliniken A und B 61
Tbl. 3: Berufserfahrung, Klinik A 61
Tbl. 4: Berufserfahrung, Klinik B 61
Tbl. 5: Religionszugehörigkeit, Kliniken A und B 62
Abb. 7: Spendebereitschaft, Klinik A 64
Abb. 8: Spendebereitschaft, Klinik B 64
Tbl. 6: Spendebereitschaft, bezogen auf einzelne Organe, Klinik A 66
Tbl. 7: Spendebereitschaft, bezogen auf einzelne Organe, Klinik B 66
Tbl. 8: Nicht-Spender, Kliniken A und B 67
Abb. 9: Organspendeausweis, Klinik A 69
Abb. 10: Organspendeausweis, Klinik B 69
Tbl. 9: Risikoprofil für Kliniken A und B 86
Abb. 11: Zögerung der Meldung an das Transplantationszentrum 90
Tbl. 10: Zögerung zur Meldung vs. Zögerungsgründe 91
Tbl. 11: Zögerung zur Meldung vs. Spendebereitschaft 94
Tbl. 12: Zögerung - Zögerung zur Meldung vorstellbar 96

1. Ausgangsphänomen

1.1. Einleitung

Im Leben eines Menschen stellen sich im Verlaufe des privaten und beruflichen Lebens zu verschieden wichtigen und unwichtigen Themen Fragen; Fragen, die beantwortet werden (können) und Fragen, die nicht beantwortet werden (können). Organ- Gewebespende und Transplantation als ein aktuelles Thema der Gesellschaft und der Krankenhäuser, kann schnell ein aktuelles Thema für jeden persönlich werden. Ein Thema aus den Grenzbereichen des menschlichen Lebens, das meistens mit der Beschäftigung mit dem eigenen Tod behaftet ist. Mit diesem beschäftigt man sich weniger freiwillig, sondern eher „gezwungenermaßen", sei es durch persönliche Erfahrungen oder andere innere und äußere Einflüsse. Eine Besonderheit für die gegenwärtig materialistisch orientierte Gesellschaft ist darin zu sehen, dass eine Organ-Gewebespende eine besondere Gabe oder Leistung für andere, meistens unbekannte, Menschen bedeutet, ohne dafür eine materielle Gegenleistung oder nicht immer einen Dank zu bekommen. Der verstorbene Mensch ist ein im Rahmen der sich entwickelnden Medizin und Technik „zum Besitzer wertvoller Güter und ‚Materialien' " (Bayerts 1997) geworden, die im Hinblick auf das Überleben anderer und im Hinblick einer besseren Lebensqualität anderer an schwerkranke Menschen verschenkt werden. Im Gegensatz zur Organspende / Transplantation ist das Thema der Gewebespende / Transplantation in der Öffentlichkeit weniger bis gar nicht bekannt. Die Bevölkerung wird aber parallel dazu im Organspendeausweis um eine Erklärung zur Organ- und Gewebespende gebeten. Die Auswertungen der empirischen Untersuchungen dieser Arbeit sind ansatzweise mit auf den Bereich der Gewebespende / Transplantation gerichtet, indem Einstellungen gegenüber der Augenhornhaut mit erhoben worden sind. Bzgl. der Gewebespende insgesamt bezieht sich diese Arbeit auf die Gewebespende im Rahmen einer postmortalen Organspende. Das Umfeld einer Intensivstation, die Situation des Umgangs mit den Angehörigen, die Situation des Personals, die mündliche oder schriftliche Zustimmungserklärung, alle im Folgenden beschriebenen Faktoren, betreffen gleichermaßen auch das Gebiet der Gewebespende.

Parallel zu der Ansicht „Entgegen der heute vorherrschenden Gleichsetzung von Hirntod und Tod des Menschen wird festgestellt, dass darüber hinaus, ob der Hirntote lebt oder tot ist, Nichtwissen herrscht." (Thomas 1994) existiert bereits gegenwärtig das Gebiet der Transplantationsmedizin mit seinen zwei Seiten:

„- die Seite des Erfolges und der Beendigung der Wartezeit auf ein neues Organ, die Seite der Transplantation und
- die Seite, die immer mit dem Tod endet und nach dem heutigen Stand der Medizin immer Voraussetzung für die Seite des Erfolges ist, die Seite der Explantation." (Müller 1999).

Zwei Seiten, denen in Übereinstimmung mit Eiglers (1997) Ansicht auf Grund ihrer individuellen Problematik und der jeweils individuellen Hintergründe die Bewertung weder als Routine noch als Experiment zukommt.
Ein Phänomen, mit dem seit langem nicht nur Ärzte, sondern gleichermaßen Pflegende und Angehörige umzugehen haben. Bevor aus diesem Nichtwissen ein Wissen wird, werden gerade in der Praxis, konkret am Organ-Gewebespender, am schwerkranken Patienten, der ein Organ / Gewebe benötigt, am Transplantierten und mit den jeweiligen Angehörigen, noch viele Pflegende und Ärzte, speziell im Intensiv- und OP-/Anästhesiebereich, konfrontiert. Aus verschiedenen Sichtweisen, aus medizinischer, philosophischer und theologischer, wird die Hauptfrage nach dem Hirntod als Tod des Menschen in der Literatur und öffentlich teilweise kontrovers diskutiert. Abhängig von der Prägung des individuellen Menschenbildes ist es möglich, Antworten zu finden und/oder zu akzeptieren, um somit zu einer eigenen, persönlichen Einstellung zu kommen. Entwicklungen in der Transplantationsmedizin gehen weiter, die Diskussion um den Hirntod als Tod des Menschen geht weiter – Handlungsspektren werden erweitert, neue Verantwortlichkeiten müssen definiert und festgelegt werden. „Ärztliches Tun auf diesem Gebiet muss sich somit nicht nur mit den medizinischen Gegebenheiten, sondern besonders auch mit allgemein menschlichen Bereichen, Fragen der Weltanschauungen und dabei sicher vor allem mit dem christlichen Gedankengut auseinander setzen." (Pichlmayer 1989). Für pflegerisches Tun gilt diese Auseinandersetzung gleichermaßen als existent. Die Teilnahme am interdisziplinären Dialog zum Thema Organ-Gewebespende / Transplantation ist Voraussetzung, um „die jeweils spezifischen Begriffsmuster und Denkstrukturen der anderen Disziplinen zu erlernen." (Kütz, Wehkamp 1995). Pflege ist mehr als die historische Betrachtungsweise und der Verbalisierung der Worte „tun und ausführen": Pflege ist logisches Denken, Verantwortungsübernahme, Hinterfragen, selbstständiges Handeln, agieren und reagieren, Prioritätenerkennung, Entscheidungsfähigkeit, Kommunikationsfähigkeit, Organisation, Kooperation, Verstehen, Wirtschaftlichkeit, Wissen – Pflege hat Rechte und Pflichten. „Jede Ausweitung unserer Wahlmöglichkeiten bedeutet einen Zuwachs an Freiheit, aber auch an Verantwortung." (Birnbacher 1997) – nicht nur für Medizin und Technik, gleichermaßen bedeutete neues Wissen für Pflege neue Wahlmöglichkeiten, neue Freiheiten und neue Verantwortungen.
Als Ausgangssituation dieser Arbeit gelten folgende Basisphänomene: (statistische Angaben aus Untersuchungen des Forsa-Institutes und den DSO-Jahresberichten 2000-2002, Die Angaben beziehen sich ausschließlich auf den Bereich der Organspende, analoge zentrale Erhebungen aus dem Bereich der Gewebespende existieren derzeit nicht.)
- ♦ Organ-Gewebemangel ist ein gesellschaftliches Problem.
- ♦ Die Möglichkeiten einer Erklärung im Organspendeausweis betrifft die Organ- und Gewebespende.

- Ca. 14.000 schwer kranke Menschen benötigen Organe, 30-50% der Kinder sterben unter 2 Jahren und 40-70% aller Kinder auf den Wartelisten (Oduncu 1998). Der Bedarf an Augenhornhauttransplantaten wird auf ca. 6000 für Deutschland geschätzt, ca. 4000-5000 Augenhornhauttransplantationen werden pro Jahr in durchgeführt (Schätzungen der DSO-Gesellschaft für Gewebetransplantation). Augenhornhauttransplantationen sind die weltweit am häufigsten durchgeführten Transplantationen. Mehr als 40.000 Augenhornhäute werden jährlich in den USA verpflanzt. (Löw-Friedrich, Schöppe 1996). Die von der DSO-Gesellschaft für Gewebetransplantation geschätzte Zahl des Bedarfs an Herzklappentransplantaten liegt bei ca. 800 im Gegensatz zu ca. 300 durchgeführten Transplantationen mit humanen Herzklappen. Angaben zu weiteren Geweben (Haut, Knochen, Gehörknöchelchen) existieren für Deutschland nicht (DSO-Gesellschaft für Gewebetransplantation).
- Ca. 22.000 Menschenüberleben und die Ermöglichung einer besseren Lebensqualität sind von der Willenserklärung anderer abhängig.
- aktive Akzeptanz der bundesdeutschen Bevölkerung: passive Akzeptanz:

	ja:	nein:	positiv:	negativ:
1999:	63%	22%	78%	10%
2000:	72%	20%	82%	8%

- Willenserklärung schriftlich:
  1999:   11%   2000: 14%
- Kenntnis über Stellen, wo Spendeausweis erhältlich ist:
  1999:   41%   2000: 47%
- Beschäftigung mit der Thematik:
  1999:   31%   2000: 33%

Anhand dieser Zahlen kann geschlussfolgert werden, dass ein nachweisbarer Zusammenhang einer zunehmenden Beschäftigung mit der Thematik, einer steigenden aktiven und passiven Akzeptanz gegenüber Organspenden und der zunehmenden Kenntnis über Stellen, wo Spendeausweise erhältlich sind, eine zunehmende schriftliche Willenserklärung der Spendebereitschaft zur Folge haben kann. Aus diesem Fakt lassen sich 2 Annahmen ableiten:

1. Annahme: Einer höheren Beschäftigung mit der Thematik Organspende folgt eine höhere Willenserklärung.
2. Annahme: Eine höhere Beschäftigung mit dem Thema Gewebespende könnte eine steigende Bereitschaft zur Gewebespende mit der dazugehörigen Willenserklärung zur Folge haben.

- 1997: Inkrafttreten des deutschen Transplantationsgesetzes: Erklärung der Transplantationsmedizin und der postmortalen Organspende zur Gemeinschaftsaufgabe aller an der medizinischen Versorgung der Bevölkerung Beteiligten.
- Organspenden: 1999: 3208   Transplantationen solider Organe: 1999: 3896
                2000: 3135   (einschl. Lebendspender-Transpl.)   2000: 3819
                2001: 3233   2001: 3870
                2002: 3162   2002: 3837

- Die Organspenderaten weisen regionale Unterschiede auf. Die Organspende rate für Deutschland liegt bei 12,5 Mio. Einwohner und Jahr und ist niedriger als in den europäischen Nachbarländern. Die Entwicklung der Organspende im Ost – West – Vergleich (in der DDR galt bis 1990 die Widerspruchsregelung) zeigt gegenläufige Tendenzen: neue Bundesländer: Anstieg der Organspenderaten; alte Bundesländer: kontinuierlicher Rückgang der Organspenderaten.
- Der Hauptablehnungsgrund, der 2002 zu einer Nicht-Realisierung einer Organspende geführt hat, wird in der Ablehnung durch die Angehörigen formuliert, wenn keine schriftliche oder mündliche Willenserklärung des Verstorbenen bekannt gewesen ist.

bei realisierten Organspenden 2002:   bei Ablehnung zur Organspende:
5%   schriftlicher Wille bekannt   1,3%
12%   mündlicher Wille bekannt   16%
75%   vermuteter Wille durch die Angehörigen 68%
8%   Entscheidung von Angehörigen   15%
           auf Grund eigener Wertvorstellungen

Die Zustimmung einer Organspende impliziert meistens die Zustimmung zur Entnahme mehrerer Organe.
- Die Organisation der Organspende als gemeinschaftliche Aufgabe der Krankenhäuser und der Transplantationszentren gehört mit zu den Aufgaben der Deutschen Stiftung Organtransplantation (DSO).
- Der Bedarf an Transplantaten für wartende Patienten kann nicht gedeckt werden bei steigender Diskrepanz zwischen Organ-Gewebeangebot – Nachfrage.
- Die Möglichkeiten der Lebendspenden existieren bei Nieren- und Leberteiltransplantationen. Für 2002 werden angegeben:
443 Nierentransplantationen mit Organen lebender Spender = ca. 19% aller Nierentransplantationen, steigende Tendenz gegenüber den Jahren 2000 und 2001
85 Teilleber-Lebendspenden = ca. 12% aller Lebertransplantationen, sinkende Tendenz zum Vorjahr
Im Vergleich dazu beträgt in Skandinavien und Nordamerika der Anteil der Lebendspende bei dialysepflichtigen Patienten ca. 50%. (Lauchert 1998). Der Anstieg der Lebendnierenspende in den USA zwischen 1988-1994 wird mit ca. 70% auf ca. 40% aller Spender beschrieben (Becker 2000).
90 Leberteil-Lebendspenden = ca. 11% aller Lebertransplantationen, Tendenz steigend
- Ein nachweisbarer Kostenvorteil ist bei Nierentransplantationen gegenüber dem Alternativverfahren der Dialysebehandlung errechnet worden und eine geringe Kostenwirksamkeit bei Lebertransplantationen bezogen auf genommene Lebensjahre und Nutzwerte (Greiner 1999).

- Die Möglichkeiten der Xenotransplantation (Hammer 2000) und des Tissue Engineering (Topp et al. 2000) sind derzeit noch nicht als Alternativverfahren zur Behebung des Organ-Gewebemangels etabliert.
- Seit dem Inkrafttreten des Transplantationsgesetzes ist es durch entsprechende Länderregelungen zunehmend zur Ernennung von Transplantationsbeauftragten in Kliniken gekommen, die diese Funktion zusätzlich zu ihrer bisherigen Tätigkeit ausüben.
  - Landesausführungsgesetze, die die Einsetzung von Transplantationsbeauftragten vorschreiben, gibt es in Bayern, Hessen, Rheinland-Pfalz und Mecklenburg-Vorpommern
  - Im Saarland wurden auf freiwilliger Basis in allen Krankenhäusern mit Intensivstationen Transplantationsbeauftragte bestellt.
  - In Berlin, Brandenburg, Schleswig-Holstein, Hamburg, Bremen und Niedersachsen gibt es Transplantationsbeauftragte auf freiwilliger Basis.
  - In Sachsen-Anhalt wurden Transplantationsbeauftragte vom Ministerium benannt, in Sachsen von der Ärztekammer, in Thüringen von der Krankenhausgesellschaft.
  - In Nordrhein-Westfalen gibt es die Initiative „Gemeinschaftsaufgabe Organspende", die vorsieht, Kommunikationsteams als Beauftragte für die Organspende in den Krankenhäusern mit Intensivstationen einzuführen.

  (Angaben aus dem Jahresbericht der DSO, 2002)
- Die Berufsgruppe der Pflegenden ist die zahlenmäßig größte Berufsgruppe im deutschen Gesundheitswesen (ca. 70% aller Mitarbeiter). Der Zeitaufwand und die Nähe, den Pflegende auf Intensivstationen mit Patienten und Angehörigen verbringen, ist höher bzw. intensiver als bei anderen Berufsgruppen.
- Parallel zu den Entwicklungen in Medizin, Technik und anderen Fachgebieten Entwicklungen im Bereich der Gesundheits- und Pflegewissenschaft und des Qualitätsmanagements.

1.2. Fragestellungen der Arbeit

Die Fragestellungen ergeben sich aus dem Phänomen der Organ-Gewebespende als gesamtgesellschaftliches Anliegen und dem Transplantatmangel als gesamtgesellschaftliches Problem. Diese Phänomene werden in Verbindung gebracht zur Berufspraxis der Pflegenden und Ärzte im Intensivbereich, die den Prozessablauf der Erkennung und Versorgung und Betreuung eines Organ-Gewebespenders umsetzen (sollen).
1. Wie hoch ist die Spendebereitschaft von Pflegenden und Ärzten?
2. Welche soziodemographischen Merkmale kennzeichnen die Nichtspender in Klinik A (Fachklinik) und Klinik B (Universitätsklinik)?
3. Welche Faktoren stellen sich als Risikofaktoren für Fachpersonal dar, keine Organe spenden zu wollen?

4. Erweist sich die Anwendung der Theorie des geplanten Verhaltens (Theorie Of Planned Behavior, TOPB) auf die Spendebereitschaft des Fachpersonals als geeignet, um zur Erklärung des gesellschaftlichen Phänomens des Organ-Gewebemangels beitragen zu können?
5. Welche Forschungsansätze sind ableitbar?
6. Lässt sich ein für die jeweilige Klinik angemessenes und implementiertes Qualitätsmanagementsystem in Verbindung bringen mit dem Prozess der Versorgung und Betreuung eines Organ-Gewebespenders?

Die Beschäftigung mit der Organ-Gewebespende in der Gesellschaft, also „außen", ist eine Seite. Wie es bei denjenigen aussieht, die nah und direkt mit der Thematik umzugehen haben, also „innen", ist die andere Seite. Eine niedrige Organ-Gewebespenderate einer Klinik in der Jahresendstatistik kann verschiedene Ursachen haben, die bei selbstkritischer Analyse der Frage nach dem Warum? zu Antworten führt.
Fachpersonal der Pflegenden und der Ärzte erfährt die gleichen Umgebungsbedingungen. Zeitlich gesehen sind die Pflegenden auf Grund der Arbeitsorganisationsstruktur einer Klinik und einer Intensivstation länger, intensiver und somit näher im Prozessverlauf involviert. Die Möglichkeit des Rückzugs besteht nicht. Dabei kann sich die Gewichtung der Wahrnehmungsebenen ändern: Eine sachlich, rationale Ebene kann sich schnell in eine Beziehungs- oder emotionale Ebene wandeln, was einen Wechsel der Einflussfaktoren einer Einstellung und eines Verhaltens bedeuten kann. Pflegende und Ärzte der OP- und Anästhesieabteilung sind ebenso nah und direkt mit der Organ-Gewebespende konfrontiert. Jedoch beinhaltet diese Nähe andere bedeutsame Einflussfaktoren, die andere Einstellungen und Verhaltensweisen zur Folge haben können.

1.3. Literaturstand

Studien zu Einstellungen des medizinischen Personals sind in der inhaltlichen und methodenkritischen Analyse vorhandener nationaler und internationaler Studien von Gold, Schulz und Koch (2001) gelistet. Als Fazit zu dieser Expertise ist in einer Expertendiskussion festgestellt worden, dass die wenigen für Deutschland vorliegenden Studien nur ein kleines Segment wiedergeben und z.T. methodische Mängel aufweisen, was bestätigt werden kann. Als ebenfalls ungünstig erweist sich die fehlende Vergleichbarkeit der Studien durch die Verwendung unterschiedlicher Untersuchungsinstrumente mit verschiedenen Kriterien. Von der weiteren für diese Arbeit recherchierte Literatur sollen dazu zwei Gruppen bzw. Forschungsbereiche erwähnt werden:
a) ergänzende Literatur zum Einstellungsverhalten von medizinischem Personal, in denen z.T. Aussagen zur Augenhornhautspende mit gemacht werden (Kibert, Kibert 1992; Kent, Owens 1995; Wolf 1990; Meier 1999; Gibson 1996).

Zu allen Arbeiten, die Aussagen zum Einstellungsverhalten von medizinischem Personal enthalten, muss kritisch angemerkt werden, dass als Forschungsgruppen nicht bzw. nur z. T. die Kerngruppen des medizinischen Personals im Intensivbereich gewählt worden sind. Gerade in diesen Abteilungen sollen Organ-Gewebespender erkannt werden. Bestätigt werden muss das Ergebnis von Gold et al, dass sich aus vorliegenden Arbeiten ein Forschungsbedarf für Deutschland ableiten lässt. Das Thema der Gewebespende ist als ein weiterer Forschungsbedarf ableitbar, speziell auch im Zusammenhang mit den sich entwickelnden Alternativverfahren. Studien, die sich ausschließlich mit dem Einstellungsverhalten zur Gewebespende befassen, konnten nicht recherchiert werden.

b) Arbeiten im Zusammenhang mit Angehörigen (Fischer-Fröhlich et al 1998; Burroughs et al 1998; De Jong 1998; Pearson et al 1995; Douglass, Daly 1995; Pelletier 1992; Cerney 1993).

Aus vorliegenden Arbeiten in Bezugnahme zu den Angehörigen ist ebenso ein Forschungsbedarf für Deutschland zu erkennen. Gerade den Angehörigen als weitere Schlüsselgruppe im Organspendeprozess kommt eine bedeutsame Rolle zu, wenn es um die Bitte um eine Organ-Gewebespende geht.

Die empirischen Untersuchungen von Pflegenden und Ärzten in Klinik A (alte Bundesländer) und Klinik B (neue Bundesländer) geben einen weiteren Überblick über das Einstellungsverhalten von Fachpersonal im Intensivbereich. Eine Verbindung dieser Arbeit mit den von Gold et al. beschriebenen Modellen kann in der Integrierbarkeit dieser Arbeit in die Modelle gesehen werden.

Glaser und Strauss (1995), die in den USA in einer 6-jährigen Feldstudie das Verhalten von Menschen untersucht haben, die an Sterbeprozessen beteiligt sind, behaupten, „dass sich bei Sterbephasen im Krankenhaus bestimmte Formen der Interaktion voraussagen lassen oder dass sie zumindest nicht rein zufällig sind". Eine Behauptung, die durch die Kombination der von Gold et al. beschriebenen Modelle mit den „Hintergrund" - Informationen der empirischen Erhebungen in Klinik A und Klinik B für den gesamten Prozessverlauf einer Organ-Gewebespende im Intensivbereich nachvollziehbar ist.

Die Verbindung der deskriptiven Darstellung des IST - Zustandes des Fachpersonals mit analytisch errechneten Risikofaktoren ermöglicht die Ableitung gezielter, konkreter und zeitnaher Handlungskonzepte für die jeweilige Klinik und / oder die jeweilige Berufsgruppe. Somit wird es möglich, 1. einen Überblick, 2. einen Begründungsansatz und 3. einen Handlungsansatz zu geben. Beide Auswertungsverfahren können als Diskussionsgrundlage für die jeweilige Einrichtung gewertet werden.

2. Orientierende Erklärungsheuristiken

2.1. Erklärungsheuristiken allgemein

Mit den Erklärungsheuristiken 2.1.1 – 2.1.3, die in drei Ebenen dargestellt werden, wird gezeigt, wie die Thematik der Arbeit in das Gesamtgefüge der Thematik Organ-Gewebespende / Transplantation einzuordnen ist. Es wird aufgeführt, an welchen Stellen sich praxisrelevante Probleme ergeben können, ohne Anspruch auf Vollständigkeit zu erheben. In den folgenden allgemeinen Erklärungsheuristiken wird eine Verbindung zu der Theorie des geplanten Verhaltens (TOPB) dargestellt.

2.1.1 Ebene I: Prozessmodell der Makroebene

Das Prozessmodell der I. Ebene, der Makroebene, stellt den globalen Zusammenhang dar: Voraussetzungen zur Realisierung einer Organ- Gewebespende liegen 1. auf der Seite des Spenders oder seiner Angehörigen und 2. auf der Seite der Klinik mit verschiedenen Einflussfaktoren.

Organ-Gewebespender   **Staat / Gesellschaft**
Angehörige   **Klinik**

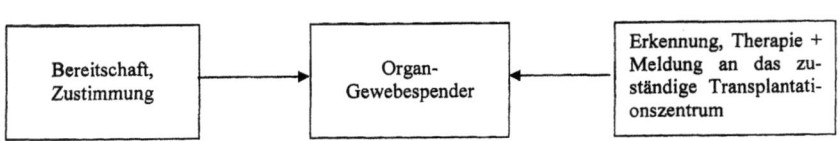

- persönliche Einstellung
- Beschäftigung mit der Thematik
- Einfluss der Einstellungen der Angehörigen
- Wissen um den Hirntod
- Akzeptanz des Hirntodes als Tod des Menschen
- Einstellung der zugehörigen Konfession und die Kenntnis darüber
- Informationsstand über die Thematik Organ-Gewebespende und Transplantation
- Informationsgehalt und –qualität der Medien und der informierenden Institutionen
- Erfahrungen mit Angehörigen von Organ- Gewebespendern

- Anwesenheit des diensthabenden Personals
- persönliche Einstellungen des diensthabenden Personals
- qualitative Fähigkeiten des diensthabenden Personals zur Erkennung u. Versorgung eines Organ-Gewebespenders einschließlich der Betreuung der Angehörigen
- Bereitschaft zur Versorgung/Betreuung / Therapieausführung
- Identifizierung der Klinik mit der gesamtgesellschaftlichen Aufgabe (Klinikeinstellung)
- Regelung von Verantwortlichkeiten und Prozessabläufen

- Erfahrungen von Patienten auf den Wartelisten
- Erfahrungen mit Transplantierten

- Fähigkeiten der jeweils Verantwortlichen
- Nachweiskriterien
- Nachweisdokumentation
- Kontrollkriterien, - instanzen

= **Elemente eines Qualitätsmanagementsystems (QMS)**

Abb. 1 Prozessmodell Makroebene (Müller, 2002)

2.1.2 Ebene II: Prozessmodell der Mesoebene

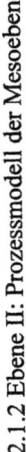

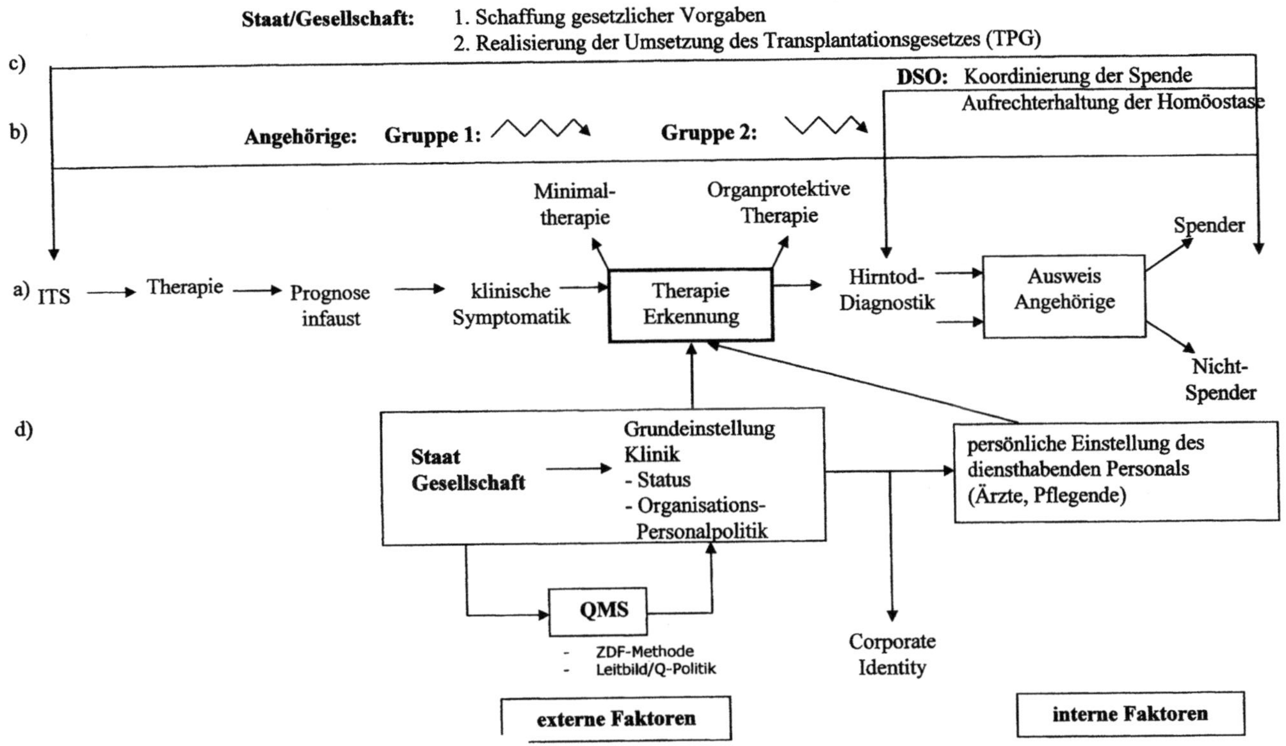

Abb. 2 Prozessmodell Mesoebene (Müller, 2002)

Im Modell der II. Ebene, der Mesoebene, wird der Prozessverlauf im Intensivbereich als Schlüsselbereich gezeigt. Als wichtige praxisbezogene Schnittstellen gelten die Erkennung eines Spenders einschließlich der Gestaltung der Therapie und die Gewährleistung einer adäquaten Spender- und Angehörigenbetreuung. Ausgangspunkt ist die Aufnahme eines Patienten auf die Intensivstation. Endpunkt ist der Abruf des Organ-Gewebespenders in den OP, einschließlich des Transportes des Leichnams nach erfolgter Organ-Gewebeentnahme in die Leichenhalle. Bei Nichtrealisierung einer Organ-Gewebeentnahme gilt als Endpunkt ebenfalls der Transport-Teilprozess. Ausgangs- und Endpunkt sind so dargestellt,
- da sie einen wesentlichen Einfluss auf den Prozessablauf und das „Prozess - Outcome" insgesamt haben und
- da sie als einflussreiche, prospektiv wirkend zu sehende Faktoren für den folgenden Prozessablauf gelten.

Angehörige (b) und Staat und Gesellschaft (c) gelten als übergeordnete Ausgangs- und Endpunkte:
- Angehörige sind während des gesamten Verlaufs existent und
- Organ-Gewebespende gelten als gesamtgesellschaftliche Aufgaben. Die Einstellung und das Verhalten des Staates/der Gesellschaft hat Einfluss auf den Prozessverlauf insgesamt.

Dieses Prozessmodell trifft bis zu dem Punkt der Feststellung des Hirntodes für eine weitere Patientengruppe zu, die für die Institution Klinik nicht die gleiche „Wichtigkeit" darstellt: die Patienten, bei denen der Hirntod festgestellt wird und es um die Frage der Therapiebeendigung und nicht um eine Organ-Gewebespende geht. Ein Prozess mit einem tiefen ethischen Hintergrund, der für Pflegende und Ärzte ebenso Belastungs-, Wahrnehmungs- und Einflussfaktoren beinhaltet; ein Prozess, in dem Angehörige integriert sind.

a) Ein Patient kommt auf die Intensivstation, wird therapiert und gepflegt. Im Krankheitsverlauf zeigt sich, dass die Prognose infaust ist, die klinische Symptomatik und medizinische Diagnostik deuten eine Hirntod-Symptomatik an (Bsp. CT-Befunde, ausgefallene Hirnstamm-Reflexaktivitäten, Befunde der akustisch evozierten und somatosensibel evozierten Potenziale). Die weiterlaufende Therapie als eine entscheidende Schnittstelle kann als Minimaltherapie oder als organprotektive Therapie gestaltet werden. Diese Schnittstelle hängt ab von den persönlichen Einstellungen des diensthabenden Arztes und des Pflegepersonals, die wiederum von der jeweiligen Grundeinstellung der Klinik und der Einstellung / Haltung der Gesellschaft mit determiniert werden. Nach Entscheidung zur Durchführung der Hirntoddiagnostik, der Durchführung, dem Nachweis des Hirntodes und der dazugehörigen Dokumentation kann eine Organ-Gewebespende realisiert werden unter Einhaltung der gesetzlichen und behördlichen Vorgaben oder die Therapie wird eingestellt, d.h. das Beatmungsgerät wird abgestellt und der Herz-Kreislauf-Tod tritt nach wenigen Minuten ein.

Bei einer Einstellung der Therapie ist nach der Feststellung des Herz-Kreislauf-Todes der ärztliche Auftrag schnell beendet, sie können und müssen wieder andere Patienten versorgen. Die Tätigkeiten des Pflegepersonals bestehen noch in der Versorgung der Leichnams.
Bei einer Zustimmung zu einer Organ-Gewebespende bedeutet die Vorbereitung bis zur Entnahme für beide Berufsgruppen viel Arbeit, bei der sie von Mitarbeitern der Deutschen Stiftung Organtransplantation, der Koordinierungsstelle für Organspenden, unterstützt werden. In dieser Phase können Pflegende und Ärzte in einen bedeutsamen Gewissenskonflikt geraten, wenn sie auf Grund ihrer eigenen persönlichen Einstellung nicht an Toten arbeiten können oder möchten und dieser Gewissenskonflikt zu arbeitsrechtlichen Konsequenzen führen würde. Diese „Verweigerung" kann in Folge ein organisatorisches Problem nach sich ziehen, wenn nicht genügend Personal im Dienst ist und das verbleibende Personal nicht über hinreichende Erfahrungen verfügt.
Eine andere Bewertung kommt dem Transport des Leichnams nach erfolgter Organ-Gewebespende in die Leichenhalle zu. Dieser Transport findet meistens nachts statt bei unterschiedlicher Belastung für die Ausführenden des OP/Anästhesie- oder des Intensivpersonals während dieses Teilprozesses. Der Leichnam eines Patienten, der ehemals in seiner subjektiven Ganzheit erlebt worden ist, muss würdevoll „endversorgt" werden. Eine Tätigkeit wie viele andere in einer Klinik, der gewohnte Tätigkeiten nahtlos folgen.
b) Eine zentrale Stellung für den gesamten Verlauf nehmen die Angehörigen ein. In den für diese Arbeit durchgeführten empirischen Erhebungen werden keine Angehörigen befragt. Im Gegensatz dazu ist das Fachpersonal gebeten worden, sich über die Angehörigen der Patienten in der Weise Gedanken zu machen, dass sie die Einstufung der Wichtigkeit vorgegebener Aspekte für Angehörige aus ihrer Sichtweise einschätzen sollten. (Die Ergebnisse konnten in der Originalarbeit aus Übersichtsgründen nicht dargestellt werden.) Bei der Begleitung und Führung der Angehörigen werden je nach Krankheitsverlauf des Patienten zwei Gruppen unterschieden. Für Außenstehende wird dieser Unterschied vermutlich kaum ersichtlich. Bei intensiver Beschäftigung mit den Angehörigen ist er im Umgang mit ihnen jedoch bedeutsam. Der Zustand der Angehörigen soll durch die Zackenlinien der Grafik verdeutlicht werden: sie pendeln zwischen Phasen der Hoffnung, Resignation und Annahme der Situation.
Gruppe 1: Angehörige von Patienten, deren Prognose von Anfang an sehr schlecht ist und die eine entsprechende Aufklärung bekommen, beispielsweise bei primären Schädigungen (Bsp. schwerste isolierte Schädel-Hirn-Traumen, intracerebrale Blutungen). Diese Patienten sind meistens von Beginn an intubiert, die Angehörigen haben keine Möglichkeit mehr zur Kommunikation.
Gruppe 2: Angehörige von Patienten, die zunächst eine gute Prognose haben, bei denen im weiteren Verlauf schwerste Komplikationen eintreten, die zum Hirntod führen im Zusammenhang mit der entsprechenden Aufklärung (Bsp. Patient mit Subarachnoidalblutung auf Grund eines Aneurysmas, Aneurysma

wird geklippt, Auftreten einer Nachblutung oder eines nicht therapierbaren Hirnödems). Diese Angehörigen sind zunächst „erleichtert", wenn ihr Angehöriger eine Operation gut überstanden hat und die Phase auf der Intensivstation beginnt.
Zu beiden Angehörigengruppen gibt es viel zu bedenken. Nur andeutungsweise soll gezeigt werden, was bei einer suffizienten Angehörigenbetreuung bedacht werden muss, mit welchen Stimmungen und Phasen Fachpersonal konfrontiert wird. Dieser Aspekt steht besonders mit Hypothese 4 im Zusammenhang, in der es um Belastungserfahrungen der Ärzte und Pflegenden geht.
Grundsätzlich dürfen die Angehörigen nicht nur als „Besuch" der Patienten gesehen werden, ihnen muss in jeder Phase generell der gleiche Respekt und die Würde zukommen wie den Patienten. Es darf nicht sein, dass sich erst um die Angehörigen gekümmert wird, wenn es um die Bitte einer Organ-Gewebespende geht. Die Wahrscheinlichkeit ist gegeben, dass es dann zu spät ist. Für Angehörige ist es unzumutbar und für die Gesprächsführenden dürfte es schwer sein, Betreuungsfehler, die im Vorfeld passiert sind, in nur einer kurzen Zeitspanne in einem Gespräch korrigieren zu können. „Im Moment müssen wir Schäden beseitigen, angerichtet durch den inkompetenten menschlichen Umgang. ‚Vouz avez raison d'en profiter' hätte ihr Mann gesagt, schrieb uns eine Frau. Übersetzt: Es ist das gute Recht der Menschen, die jemanden verloren haben, dass wir ihnen helfen, unabhängig von der Bitte um eine Organspende." (Fischer-Fröhlich et al. 1998). Zweifelsohne haben Angehörige gleichermaßen eine Multiplikatorfunktion wie Fachpersonal und viele Angehörige kommen in den Kontakt mit Angehörigen anderer Patienten und auch anderen Personengruppen.
Im Hinblick auf eine auszubauende Angehörigenarbeit soll an dieser Stelle eine Verbindung zum Thema der Lebensqualität und der Lebensqualitätsforschung angedeutet werden. Eine allgemeingültige Definition dieses Terminus Lebensqualität gibt es nicht. „Lebensqualität ist ein multidimensionales Konstrukt, welches in der Erlebensdimension die konditionale Verbundenheit des somatischen, psychischen, interpersonellen, sozialen und spirituellen Bereiches, ferner die Bezugsdimension des Individuums, der Familie, der sozialen Gruppe, und des kulturellen (politischen) Hintergrundes wiederum in Bezug auf die Zeitdimension beschreibt." (Küchler, 1989, bei Hampel, 1997). Lt. Siegrist versucht sie „Befinden und Handlungsvermögen kranker Menschen in Beziehung (zu) setzen zu Therapie und Krankheitsverlauf". (ebenda). Das soll nicht heißen, dass Angehörige als kranke Menschen gesehen werden sollen im eigentlichen Sinn. Obwohl bei einer genaueren Betrachtung der WHO-Definition von 1947, in der es heißt: „Health is a state of complete physical, mental and social well-being and not merely the absence of disease or infirmity" (ebenda) darüber diskutiert werden könnte. Wie es den Angehörigen tatsächlich geht, nachdem sie (meistens) plötzlich einen ihnen nahestehenden Menschen verloren haben und zusätzlich noch eine Entscheidung über die Verfügbarkeit der Organe/Gewebe treffen

sollen im Hinblick für andere Menschen, kann in Deutschland bislang nur vermutet werden. Der Zustand dieser Angehörigen kann weder als „state of complete physical, mental and social well-being" noch als „disease or infirmity" bezeichnet werden. U.a. dient die Lebensqualitätsforschung „der Sensibilisierung und Schulung der ärztlichen und pflegerischen Wahrnehmung: sie bietet also die Möglichkeit, wirklich zu erfahren, wie sich der Patient / die Patientin subjektiv fühlt, und nicht wie Ärzte / Pflegende / Psychologen meinen, dass er / sie sich fühlt, oder sich - im Hinblick auf die klinischen Daten - fühlen sollte!" (Bowling, 1991, bei Hampel, 1997). Wenn in dieser Aussage der Patient / die Patientin durch Angehörige ersetzt würde, kann das als weiterer Forschungsansatz für Angehörigenarbeit von Angehörigen von Organ-Gewebespendern gesehen werden. Die „Ausgangsfrage" für Untersuchungen zur Lebensqualität, wie von Hampel formuliert „Wie geht es Ihnen?" würde nicht den (ehemaligen) Patienten, sondern zeitversetzt nach der Entscheidung bzgl. Zustimmung oder Ablehnung einer Organ/Gewebespende den Angehörigen gestellt werden.

c, d) Die Grafik zeigt weiterhin, dass als übergeordnete, verantwortliche Instanz für das Geschehen auf einer Intensivstation zunächst die Klinik selbst zu sehen ist. Die Phase der Organisation einer Organspende als gemeinschaftliche Aufgabe der Krankenhäuser und der Transplantationszentren gehört mit zum Aufgabenbereich der Deutschen Stiftung Organtransplantation (DSO) als Koordinierungsstelle für Organspenden. Darüber hinaus ist als verantwortlich der Staat zu sehen: zum einen durch die Schaffung normativer, d.h. gesetzlicher Vorgaben, zum anderen durch eine praxisrelevante und angemessene Überprüfung der Realisierung und Umsetzung des Transplantationsgesetzes im Sinne der Aufgabe eines Sozialstaates. Die Grundeinstellung einer Klinik wird mit durch die Grundeinstellung des Staates bestimmt. Sie ist auch abhängig vom jeweiligen Status der Einrichtung und wird durch organisations- und personalpolitische Strukturen reflektiert. Und diese Grundeinstellung der Klinik als soziales System hat Einfluss auf persönliche Verhaltensweisen des Personals verschiedener Ebenen, was Forschungsergebnisse der Sozialpsychologie bestätigen „In einem sozialen System gibt es einen gemeinsamen Grundstock von Anschauungen und Überzeugungen, die das Verhalten der einzelnen Mitglieder bestimmen" (Bierhoff 1996). Wenn die diensthabenden Ärzte und Pflegenden eine positive Einstellung zur Organ- Gewebespende haben, die Strukturen der Klinik aber nicht unterstützend gegeben sind, wird diese Kombination nicht zu einer Steigerung der Organ-Gewebespenderate führen. Ein weiterer Widerspruch kommt deutlich in dem von Gubernatis (1996) geschilderten Beispiel zum Ausdruck: „Das Beispiel eines konfessionellen Krankenhauses, in dem der Hirntod als Tod abgelehnt wird, die Organspende unterbunden werden soll, das jedoch gleichzeitig den Antrag auf Zulassung als Transplantationszentrum stellt, macht einen Konflikt deutlich, der nicht nur krankenhausinterne, sondern gesellschaftliche Tragweite hat, - ein Konflikt, der bald entschieden werden muss." Der Status eines Transplantationszentrums in einem Prospekt ist wohl imagefördernd für eine

Klinik, wenn das Personal aber nicht hinreichend genug unterstützt wird, ist es nicht förderlich im Hinblick einer gesteigerten Organ-Gewebespenderate, d.h. im Sinne der Umsetzung der gesamtgesellschaftlichen Aufgabe.

d) Im unteren Teil der grafischen Darstellung wird im Zusammenhang mit zu erwartenden und kommenden Entwicklungen des deutschen Gesundheitssystems die Wirkung eines Qualitätsmanagements (QMS) gezeigt. Ein Qualitätsmanagementsystem, welches eine Ablauf- und keine Aufbauorganisation beschreibt, da die jeweiligen Aufbaustrukturen vorhanden sind, gilt bei Funktionieren als Unterstützung eines jeden Klinikmanagements. Über die Qualitätspolitik eines QMS oder ein Leitbild würde die Grundeinstellung der Einrichtung formuliert, die den Mitarbeitern bekannt gemacht werden sollte. Ein entscheidendes Kennzeichen eines QMS ist, mit Zahlen, Daten und Fakten (= ZDF-Methode) zu arbeiten. Somit wäre eine geeignete Unterstützung- und Nachweisunterstützung gegeben mit den Möglichkeiten entsprechender Evaluierungen der Effektivität der Maßnahmen. Nachweisunterstützungen nicht nur in Bezug auf ablaufende Prozesse, sondern auch im Hinblick der Realisierung und Umsetzung des Transplantationsgesetzes und im Sinne monitärer Aspekte. Der Anteil derjenigen Patienten, die durch eine Behandlung im Krankenhaus schwere Komplikationen mit Folgeschäden erleiden oder die gar versterben, wird auf 4% insgesamt geschätzt. Das bedeutet, „Eine Universitätsklinik mit 50.000 Behandlungsfällen pro Jahr lebt mit dem Risiko, sich 2000 mal im Jahr fragen lassen zu müssen, ob alles mit rechten Dingen zugegangen ist. Wenn wieder eine Horrorstory durch die Presse geht, scheucht das jeden Arzt und jedes Krankenhaus auf." (Paschen 2001). „Horrorszenarien" werden auch im Feld der Transplantationsmedizin mitunter beschrieben und über die Medien verbreitet, wodurch nicht nur medizinische Institutionen, sondern auch ein nicht kleiner Teil der Bevölkerung aufgescheucht, d.h. zum Nachdenken gebracht wird. Mit Hilfe eines der jeweiligen Klinik angepassten QMS ließen sich mit Sicherheit die Raten des „aktiven Versagens" („aktives Versagen besteht bei denen, die in einem System die Leistung erbringen", ebenda) und der „latenten Gefahren" („latente Gefahren drohen aus fehlerhaften Entscheidungen der Leitung, unzureichender Ausstattung, überarbeitetem Personal, zeitlichem Druck, Kommunikationsfehlern und dem Einsatz wenig robuster Verfahren", ebenda) reduzieren und durch geeignete Maßnahmen verhindern. Unter diesem Aspekt gesehen, d.h. über Methoden eines Fehlermanagements und im Sinne der Beweislastumkehr bei Regressansprüchen, ist die Implementierung jeweils angemessener QM - Maßnahmen dringend zu empfehlen. Zusammenfassend kann dazu formuliert werden, dass sich die Begründung bzw. Rechtfertigung für die Implementierung eines QMS in vielen Bereichen ergibt, im entscheidenden Maße aus den jeweiligen Praxissituationen selbst. Die Bedeutung eines QMS kann auch wieder mit Erkenntnissen der Sozialpsychologie unterstützt werden: Personen, die keine Kontrolle erwarten werden wenig motiviert sein, ein bestimmtes Verhalten zu zeigen und durchzuführen. Beispiele hierzu könnten viele angeführt werden, was aber den Umfang dieses Abschnittes überschreiten würde. Daher seien nur wenige Beispiele erwähnt:

- Wenn die Implementierung und Aufrechterhaltung eines angemessenen QMS nicht als Führungsaufgabe in medizinischen Einrichtungen anerkannt und gelebt wird, wird das QMS nicht zum gewünschten Erfolg führen.
- Wenn keine Dokumentationsvorgaben und Dokumentationskriterien existieren, wenn keine Dokumentationspflicht besteht ist der Anreiz nicht gegeben, auch dementsprechend zu dokumentieren.
- Wenn keine interdisziplinären Case - Managements bei potenziellen Organ-Gewebespendern durchgeführt werden, die einen zeitlichen Umfang von Minuten in Anspruch nehmen sollten, um u.a. auch angemessenen und suffizienten Zugang zu den Angehörigen zu besprechen und zu bekommen, wird es für das Personal nicht bis wenig motivationssteigernd sein, sich über die Angehörigen Gedanken zu machen.
- Wenn keine Dokumentationskriterien und Dokumentationsvorgaben für die Ärzte zur Meldung von potenziellen Organ-Gewebespendern an das zuständige Transplantationszentrum zur Verfügung gestellt werden bzw. wenn der Ablauf dieses Prozesses unbekannt ist, kann dieses als fehlender Anreiz und als nicht motivationsfördernd bewertet werden, dieses auch zu tun.
- Wenn keine Leitlinien / Standards und Prozessbeschreibungen mit den dazugehörigen In- und Outputs und Regelungen von Verantwortlichkeiten existieren und / oder den Mitarbeitern unbekannt oder schwer zugänglich sind, sind Störungen in den Prozessabläufen vorprogrammiert.
- Wenn bei den Mitarbeitern der beteiligten Bereiche und Institutionen (Schnittstellenproblematik) nicht das Bewusstsein im Sinne des Umgangs mit internen und externen Kunden geweckt bzw. gefördert wird, wird dieses ebenfalls zu Fehlsteuerungen vieler Prozesse führen, die u.a. verminderte Transplantatqualitäten zur Folge haben können (z. Bsp.: Verzögerungen der Organ- Gewebetransportzeiten, Verzögerung bei der Weitergabe von Laborparametern, Verschwendung von personellen, zeitlichen und finanziellen Ressourcen durch Doppelinformationen).

2.1.3 Ebene III: Prozessmodell der Mikroebene

In dieser differenzierten 3. Ebene, der Mikroebene, werden im Zusammenhang mit den im Punkt 2.3. formulierten Hypothesen Faktoren dargestellt, die einen Einfluss auf das Spendeverhalten das Fachpersonals haben können und einen engen Bezug zur Berufspraxis der Pflegenden und Ärzte darstellen. Alle in der Grafik aufgeführten Aspekte sind im Rahmen der empirischen Erhebungen erfragt und ausgewertet worden. (Aus Übersichtsgründen konnten im Originaltext nicht alle Ergebnisse dargestellt werden.)

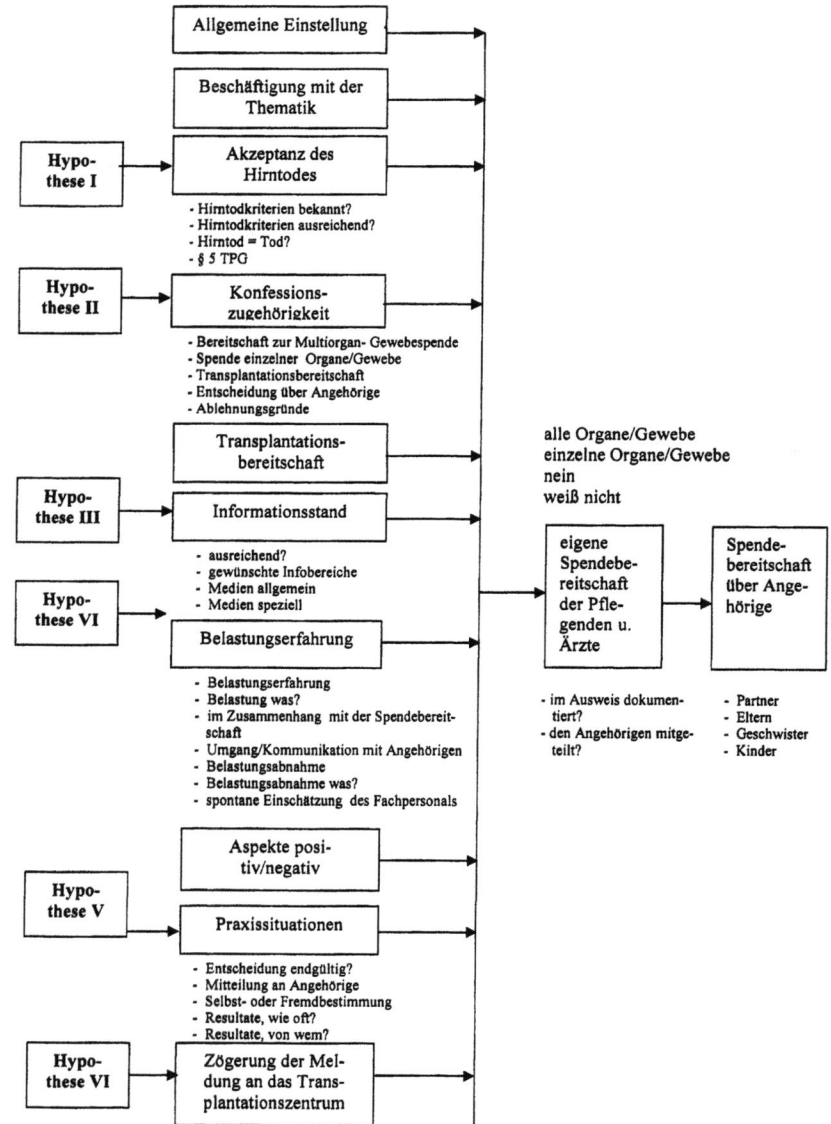

Abb. 3: Prozessmodell Mikroebene (Müller, 2002)

2.1.4 Theorie des geplanten Verhaltens (TOPB) und Ableitung der TOPB auf die Variable der Spendebereitschaft

Die Theorie des geplanten Verhaltens von Ajzen gilt als Erweiterung der Theorie des überlegten Handelns von Fisbein & Ajzen. Seit ihrer Erstveröffentlichung 1985 ist sie anhand vieler empirischer Untersuchungen in verschiedenen Bereichen überprüft worden, am meisten im Bereich gesundheitsbezogener Verhaltensweisen (Arnscheid & Schomers 1996). Von Plies und Schmidt (1996) werden die Theorie des überlegten Handelns und die Theorie des geplanten Verhaltens „in der Sozialpsychologie als die am besten operationalisierten und empirisch am umfangreichsten getesteten Theorien zur Erklärung von Verhalten angegeben." Als die bekannteste Studie zur Erklärung zum Zusammenhang zwischen Einstellungen und Verhalten gilt die von La Pierre 1934 veröffentliche Studie, bei der er in den 30er Jahren, einer Zeit der Vorurteile gegenüber Chinesen, zusammen mit einem chinesischen Ehepaar die Vereinigten Staaten bereist hat. Entgegen dem bestehenden Vorurteil ist ihre Aufnahme in nur einem von 200 Hotels abgelehnt worden. Das Ergebnis einer schriftlichen Befragung der Hotels sechs Monate nach dem persönlichen Besuch hat als Ergebnis eine Übereinstimmung mit dem bekannten Vorurteil ergeben, was aber im Widerspruch zum tatsächlichen Verhalten der Hotelangestellten und –besitzer gestanden hat. (Frey, Stahlberg, Gollwitzer 1993). Dieses Ergebnis, welches auf die fehlende Konsistenz zwischen Einstellungen und Verhalten zurückgeführt wird, ist zwar nicht in allen frühen Einstellungs-Verhaltensstudien beschrieben. Es hat aber seit den späten 60 Jahren zu einem neuen Forschungsansatz geführt: „ ‚Unter welchen Umständen besteht ein Zusammenhang zwischen Einstellungen und Verhalten?', ‚Welche anderen Faktoren bestimmen die Enge des Zusammenhanges, falls er gefunden wird?' und ‚Durch welche vermittelnden Variablen beeinflussen Einstellungen Verhalten' " (Zanna & Fazio 1982, in Frey et al. 1993).

Die Differenzierung von Einstellungen und Verhaltensweisen in vier unterschiedliche Aspekte nach Fisbein & Ajzen (in Frey et al. 1993) ist auch auf die Variable der Spendebereitschaft zur Organ-Gewebespende bei Pflegenden und Ärzten im Intensivbereich und deren Willenserklärung ableitbar.

1. *Handlungsaspect („action element"):* Welches Verhalten soll untersucht werden?
   - die Handlung der mündlichen oder schriftlichen Erklärung einer getroffenen Spendebereitschaft
2. *Zielaspekt („target element"):* Auf welches Objekt bzw. Ziel ist das Verhalten gerichtet?
   - die Entscheidung einer Spendebereitschaft schriftlich in einem Ausweis zu dokumentieren oder in einem Gespräch den Angehörigen mitteilen

3. *Kontextaspekt („context element"):* In welchem Kontext wird das Verhalten ausgeführt?
 - als Kontext sind das private Umfeld, das soziale System Klinik und ihre praxisbedingten Voraussetzungen zur Entscheidungsfindung zu sehen
4. *Zeitaspekt („time element"):* Zu welchem Zeitpunkt soll das Verhalten ausgeführt werden?
 - beispielsweise sofort, vor oder nach einer gewünschten Informationsveranstaltung zur Thematik, ohne unterstützende Maßnahmen für den Arbeitsbereich des Fachpersonals, nach erfahrenen Praxissituationen oder zu einem nicht definierten Zeitpunkt zu Lebzeiten

Als Theorieerweiterung zur Theorie des überlegten Handelns gilt in der Theorie des geplanten Verhaltens die Komponente der wahrgenommenen Verhaltenskontrolle. Intensionen sagen nicht die tatsächliche Verhaltensausführung vorher, sondern den Versuch. Bei der Verhaltenskontrolle wird unterschieden zwischen der tatsächlichen Verhaltenskontrolle, die schwer zu ermitteln ist, und der wahrgenommenen Verhaltenskontrolle, deren Ermittlung einfacher ist.
Nach Ajzen und Madden kann die wahrgenommene Verhaltenskontrolle das Verhalten indirekt, über die Intension beeinflussen (1.1. und 1.2. der grafischen Darstellung) in zweierlei Abhängigkeiten:
1.1. Unabhängig von der Einstellung und der subjektiven Norm, d.h. Einflüsse der wahrgenommenen Verhaltenskontrolle werden über die Intension vermittelt als direkter kausaler Einfluss auf die Intension = motivationaler Effekt, direkte Determinante der Verhaltensausführung wäre dabei die Intension.
Dieser unabhängige Komponentenzusammenhang wird dadurch erklärt, dass Personen wegen mangelnder Fähigkeiten, Ressourcen oder externer Hindernisse ein Verhalten nicht ausführen, obwohl sie eine positive Einstellung gegenüber einem Verhalten besitzen und deren Bezugspersonen diesem Verhalten zustimmen würden.
1.2. Bei wechselseitiger Beeinflussung von Einstellung, subjektiver Norm und wahrgenommener Verhaltenskontrolle, d.h. als indirekte Beeinflussung der Intension
Sie kann auch einen zusätzlichen direkten Einfluss auf die Verhaltensausführung ausüben, somit nicht über die Intension (2. in der grafischen Darstellung).
2. Direkter Einfluss der wahrgenommenen Verhaltenskontrolle auf die Verhaltensausführung, wenn die wahrgenommene Verhaltenskontrolle die tatsächliche Kontrolle über das Verhalten reflektiert. Dieses ist z. Bsp. der Fall, wenn Vorerfahrungen mit dem beabsichtigtem Verhalten vorliegen.
Bei den Determinanten der wahrgenommenen Verhaltenskontrolle wird zwischen internalen und externalen Faktoren unterschieden. Wobei angenommen werden kann, dass sich verschiedene Faktoren gerade auf die Berufsgruppen der Pflegenden und der Ärzte im Intensivbereich mit einer anderen Intensität auswirken werden als auf andere Berufs- und Bevölkerungsgruppen.

Um eine genaue Vorhersage bzgl. des Verhaltens treffen zu können, müssen folgende Bedingungen erfüllt sein (Ajzen 1991):
- die Einhaltung des Prinzips der Korrespondenz, d.h. ein wichtiges Kriterium der Einstellungs- Verhaltensübereinstimmung ist deren vergleichbarer Spezifikationsgrad,
Diese Anforderung ist abhängig von der Modifizierung des Untersuchungsinstrumentes.
- die Stabilität der Intensionen und der wahrgenommener Verhaltenskontrolle zwischen der Einschätzung und der Beobachtung des Verhaltens
Bzgl. der Gewährung der Stabilität kann vermutet werden, dass bei Pflegenden und Ärzten im Intensivbereich von einer größeren Stabilität auszugehen ist als bei anderen Probanden, da ihnen die generellen Folgen einer Einstellung bzgl. getroffener Spendebereitschaft und Willenserklärung für sich und andere bewusster sind.
- Die dritte Anforderung ist im Zusammenhang mit der Genauigkeit der wahrgenommenen Verhaltenskontrolle zu sehen: Je mehr die wahrgenommene Verhaltenskontrolle die aktuelle Verhaltenskontrolle reflektiert, je besser ist die Vorhersage des Verhaltens durch die wahrgenommene Verhaltenskontrolle.
Bzgl. dieser Anforderung dürfte sich die Probandengruppe des Fachpersonals ebenfalls als günstige Untersuchungsgruppe eignen.

Theorie des geplanten Verhaltens
(Theory Of Planned Behavior-TOPB)

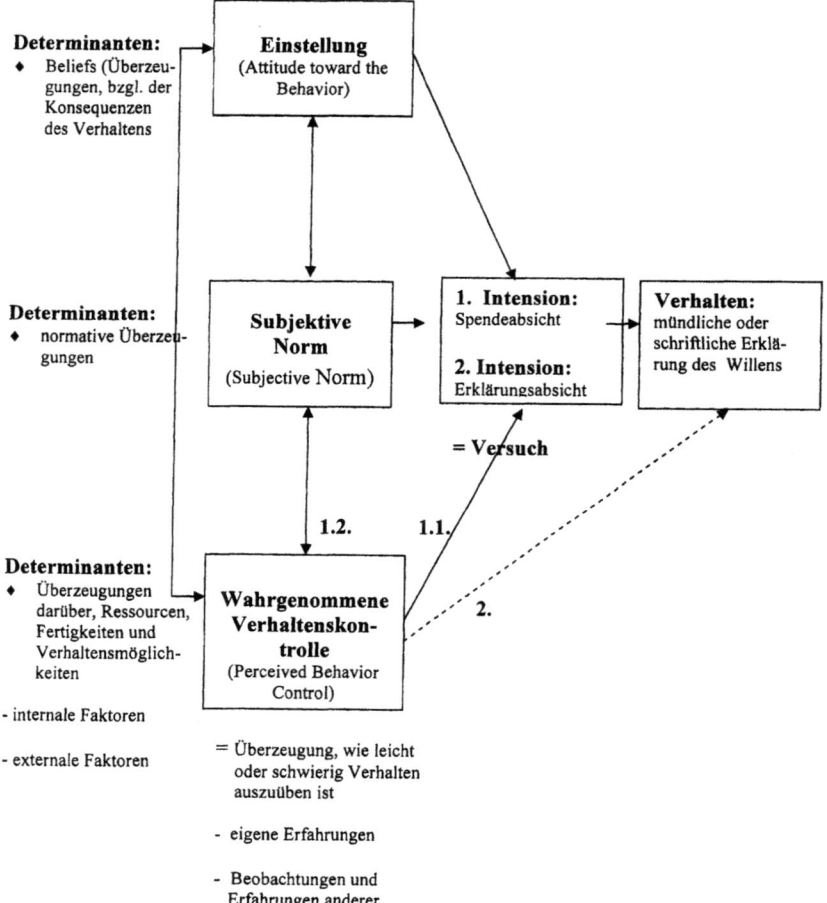

Abb. 4: Modell der TOPB bezogen auf die Spendebereitschaft und deren Erklärung (nach Ajzen & Madden, in Frey et al. 1993), bezogen auf das Verhalten der Willenserklärung zur Organ-Gewebespendebereitschaft (Müller, 2002)

Die Ableitung der Theorie des geplanten Verhaltens von Ajzen auf die Variable der Spendebereitschaft zur postmortalen Organ- und Gewebespende (= 1. Intension), ist indirekt über eine zweite Verhaltensvariable (= 2. Intension) möglich und somit direkt mit dieser zweiten Verhaltensvariable verbunden. Als Besonderheit ergibt sich die Überprüfung der 1. Intension, nach dem Tod auch tatsächlich ein Organ- Gewebespender zu sein. Deswegen ist auch nur eine Überprüfung des tatsächlichen Verhaltens der 2. Intension möglich. Die Sinnhaftigkeit und Logik besteht darin, dass zwei Intensionen über eine Verhaltensvariable geprüft werden. Anders als bei der Überprüfung der Theorie des überlegten Handelns (Theorie Of Reasoned Action = TORA) im Bereich der Blutspende (Charng, Piliavin, Callero 1988), wo die Ausführung der überlegten Handlung von lebenden Personen ausgeführt wird oder nicht, ist der Bereich der Organ-Gewebespende zu sehen: von lebenden Personen wird ein Verhalten geplant, dass erst nach ihrem Tod tatsächlich ausgeführt würde, sofern es bekannt ist. Ein Blutspender lebt, ein Organ-Gewebespender ist tot. Dabei stehen die 1. und 2. Intension nicht nur bzgl. der Überprüfung der Ausführung des geplanten Verhaltens in einem unmittelbaren Zusammenhang. Die 1. Intension gilt immer als notwendige Voraussetzung der 2. Intension – erst muss eine Entscheidung getroffen werden, dann muss etwas mit dieser Entscheidung passieren. Die Datenauswertungen ermöglichen u.a. zu zeigen, ob Pflegende und Ärzte, die mit der Thematik direkt im Praxisalltag involviert sind, 1. eine eigene Entscheidung getroffen haben und 2. was mit dieser Entscheidung geschehen ist: ist sie dokumentiert, sind die Angehörigen darüber informiert oder soll eine Entscheidung über eine postmortale Organspende von nahe stehenden Personen getroffen werden. Möglichkeiten, die im Ereignisfall gesetzeskonform und für die Betroffenen vorteilhaft sind: Der Verstorbene kann davon ausgehen, dass seinem Willen entsprochen wird bei gleichzeitiger Entlastung seiner Angehörigen in der schweren Situation. Die Erhebung des IST - Zustandes im Kontext der Organspende beleuchtet Situationen für Pflegende und Ärzte im Intensivbereich als Schlüsselbereich im Organspendeprozess, die Einfluss auf die 1. Intension haben können.

2.1.5 Welche Hypothesen würden aus der Theorie des geplanten Verhaltens folgen?
Die Überprüfung der TOPB ist nicht Gegenstand dieser Arbeit. Die Fragestellungen des Untersuchungsinstrumentes hätten hierfür modifiziert werden müssen. Fragestellungen und Ergebnisse der Auswertungen können aber in Verbindung mit Einstellungen und Verhalten des Fachpersonals und deren Hintergründe gebracht werden. Folgende Hypothesen sind daraus ableitbar:
1. Die Intension der Bereitschaft zur eigenen postmortalen Organ-Gewebespende wird bei Pflegenden und Ärzten = Fachpersonal im Intensivbereich eher / mehr von individuellen Einstellungen determiniert als von ihrer subjektiven Norm.
Begründungs-/Vermutungsansatz: Einstellungen des Fachpersonals beruhen in starkem Maße auf Erfahrungswerten, die nur sie haben im Gegensatz zu allen

anderen Bevölkerungs- und Berufsgruppen. Die Determination der subjektiven Norm über ihre eigene postmortale Spendebereitschaft, d.h. die Akzeptanz ihrer Entscheidung von denen ihnen nahe stehenden Personen, ist subsidiär gegenüber ihren eigenen Erfahrungswerten.

2. Die wahrgenommene Verhaltenskontrolle wird bei Pflegenden und Ärzten im Intensivbereich eher ein besserer Prädiktor der schriftlichen und mündlichen Willenserklärung sein als bei Berufs- und Bevölkerungsgruppen, die nicht so nah und intensiv mit dem Thema Organ-Gewebespende konfrontiert werden.

Begründungs-/Vermutungsansatz: Die Begründung dieser Hypothese wird in den Determinanten der wahrgenommenen Verhaltenskontrolle, den internalen und externalen Faktoren, vermutet. Diese Hypothese entspricht der 2. Version der TOPB: der direkten Beeinflussung der wahrgenommenen Verhaltenskontrolle auf das Verhalten, nicht über die Intension. Dieser direkte Effekt der wahrgenommenen Verhaltenskontrolle ist dann möglich, wenn er die tatsächliche Kontrolle über das Verhalten reflektiert. Bei Frey et al. (1993) heißt es, dass die wahrgenommene Verhaltenskontrolle in hohem Maße die tatsächliche Kontrolle widerspiegelt, wenn z. Bsp. ein hohes Maß an Vorerfahrungen mit dem beobachtbaren Verhalten vorliegt. Zusätzlich zu den eigenen Vorerfahrungen des Fachpersonals, d.h. der eigenen Einstellung zur Organ-Gewebespende und deren Willensbekundung, wird das Nichtvorhandensein der Vorerfahrungen anderer auf die Einstellungen und das Verhalten des Fachpersonals reflektiert werden. Das bedeutet, sie erfahren und beobachten die Wirkung, wenn andere („ihre" verstorbenen Patienten) keine Entscheidung bzgl. ihrer Organ-Gewebespende getroffen haben bzw. wenn den Angehörigen diese Entscheidung nicht bekannt ist.

3. Für Fachpersonal ist es einfacher, ihre Entscheidung über die eigene postmortale Organ-Gewebespendebereitschaft in einem Gespräch ihren Angehörigen mitzuteilen, als einen Organspendeausweis auszufüllen, obwohl sie Praxissituationen kennen.

Begründungs-/Vermutungsansatz: Das Phänomen des durchgeführten Verhaltens der mündlichen und schriftlichen Willenserklärungen des Fachpersonals lässt darauf schließen. Es besteht die Annahme, dass es Faktoren gibt, die ein Individuum hindern, trotz getroffener positiver oder negativer Entscheidung bzgl. der eigenen Spendebereitschaft, diese Entscheidung zu dokumentieren. Diese Faktoren sind bisher nicht hinreichend genug bekannt. Aus den Untersuchungen kann weiter abgeleitet werden, dass evtl. dem Fachpersonal nicht hinreichend genug bekannt ist, welche Entscheidungsmöglichkeiten sie in einem Organspendeausweis haben, d.h., dass ein Organspendeausweis nicht unmittelbar die Dokumentation der positiven Spendebereitschaft impliziert. Diese Tatsache ist nicht konträr zur bestehenden deutschen Gesetzgebung (erweiterte Zustimmungslösung). Sie könnte sich als richtungsweisend für weitere Aufklärungs- und Informationsarbeit in kleinen Gruppen oder im Rahmen von Massenkampagnen erweisen.

4. Je höher das Wissen um die Hirntodkriterien und die Akzeptanz des Hirntodes als Tod des Menschen ist, umso höher ist die Bereitschaft zur Organ-Gewebespende und je leichter ist es, die Bereitschaft zur Willenserklärung mündlich oder schriftlich zu bekunden.
Begründungs-/Vermutungsansatz: Diese Hypothese wird anhand der Phänomene der Antworten zum Aspekt des Kenntnisstandes der Hirntodkriterien und der Akzeptanz des Hirntodes als Tod des Menschen vermutet. Es kann angenommen werden, dass sich diese Phänomene bei Berufs- und Bevölkerungsgruppen, die nicht so nah und intensiv mit der Thematik konfrontiert werden, nicht beschreiben lassen. Die Kenntnis der Hirntodkriterien, damit verbunden ein Wissen um die Hirntoddiagnostik und die Akzeptanz des Hirntodes, können zu den elementaren internen Faktoren, die zur Einstellungsfindung bzgl. einer eigenen postmortalen Organ-Gewebespendebereitschaft führen können, gezählt werden. Die Sicherheit dieses Wissens und ein damit verbundenes Bewusstsein über den Tod einer Person bei Akzeptanz des Hirntodes bzw. über den verbleibenden „Zustand" der Person bei Nicht-Akzeptanz werden es erleichtern, zu einer positiven Einstellung gegenüber einer Organ-Gewebespende zu kommen und diese Bereitschaft auch mündlich oder schriftlich zu bekunden. Aus den Untersuchungen ist ableitbar, dass in der Vermittlung der Hirntodkriterien und in der Schaffung von Möglichkeiten des Dialoges für Berufsgruppen untereinander und mit anderen Disziplinen (Ethikern, Psychologen, Theologen, Juristen) ein Praxisansatz zu sehen ist.

5. Je mehr positive oder negative Erfahrungen Pflegende und Ärzte in ihrer Berufspraxis mit dem Prozess der Versorgung und Betreuung von Hirntoten und Organ-Gewebespendern haben, umso höher ist die Bereitschaft zur Willenserklärung der eigenen postmortalen Spendebereitschaft.
Begründungs-/Vermutungsansatz: Der Prozess der Versorgung und Betreuung von Organ-Gewebespendern einschließlich deren Angehörigen, wie er in Pkt. 2.1.2 (Mesoebene) dargestellt wird, läuft in jedem Krankenhaus in Abhängigkeit vieler Faktoren hausintern ab. Er kann sowohl als einzigartig bezeichnet werden, da mit ihm ein ganz spezielles Schicksal eines Menschen und seiner Angehörigen verbunden ist. Auf der anderen Seite wäre es wünschenswert, nötig und erleichternd für beteiligte Personalgruppen, wenn er nach einheitlicheren Vorgaben ablaufen würde, die einem Prozessablauf zuordbar sind. Da speziell die Pflegenden und Ärzte im Intensivbereich am Prozessablauf beteiligt sind und ihn erfahren, werden sich sowohl positive wie negative Erfahrungen motivationsfördernd auf die Einstellungsbildung gegenüber einer Spendebereitschaft und die damit verbundene Bereitschaft zur Willenserklärung pro oder contra einer Organ-Gewebespende auswirken. Prozessbeschreibungen mit den dazugehörigen Inputs, Outputs und Regelungen von Verantwortungen und Zuständigkeiten, um Abläufe transparent darzustellen und zu regeln, sollten als Unterstützung für Praxisbedingungen gesehen werden.

6. Je besser sich Pflegende und Ärzte zur Thematik Organ-Gewebespende / Transplantation informiert fühlen, je leichter fällt es ihnen, ihre Spendebereitschaft pro oder contra Organ-Gewebespende mündlich oder schriftlich zu erklären.

Begründungs-/Vermutungsansatz: Diese Hypothese wird aus den Phänomenen des Informationsstandes und der Informationswünsche des Fachpersonals begründet. Je sicherer und je intensiver sich Menschen über ein Thema informiert fühlen, desto leichter wird eine Entscheidung getroffen werden können und desto leichter wird es sein, zu dieser Entscheidung zu stehen. Eine Bezugnahme zur Praxis ist indiziert, indem den Personalgruppen klinik- und/oder berufsgruppenbezogene Informationen gegeben werden, um nicht am Thema vorbei zu informieren.

7. Pflegende und Ärzte, die im Intensivbereich direkt mit der Thematik Organ-Gewebespende einschließlich der Angehörigen konfrontiert werden, werden eher eine Entscheidung bzgl. der eigenen postmortalen Organ-Gewebespende treffen als Berufs- und Bevölkerungsgruppen, die nicht so nah und intensiv mit dem Thema umgehen.

8. Pflegende und Ärzte, die im Intensivbereich direkt mit der Thematik Organ-Gewebespende konfrontiert werden, sind eher bereit, ihre Entscheidung bzgl. der eigenen Spendebereitschaft mündlich oder schriftlich zu erklären als Berufsgruppen, die nicht so nah und intensiv mit dem Thema umgehen.

Begründungs-/Vermutungsansatz für Hypothesen 7 und 8: Speziell Pflegende und Ärzte im Intensivbereich wissen eher als andere Berufs- oder Personalgruppen, was es konkret bedeutet, hirntot zu sein und nicht nur über den Hirntod zu sprechen. Über den Hirntod sprechen müssen sie allerdings auch – und zwar mit den Angehörigen. Es ist für sie ein Thema, mit dem sie nicht nur peripher, sondern nah konfrontiert werden. Wobei eine nahe Konfrontation nicht unbedingt eine Beschäftigung mit der Thematik bedeuten muss, sondern auch die Möglichkeit einer inneren Blockade besteht auf Grund persönlicher Einstellungen, Stimmungen oder anderer Faktoren.

Bei Bestätigung dieser Hypothesen durch weitere und vergleichende empirische Erhebungen kann dieses Phänomen als richtungsweisend für zukünftige und bestehende Informationsarbeit gesehen werden: je näher die Thematik Organ-Gewebespende/Transplantation den Zielgruppen durch Aufklärung gebracht wird, je leichter würde es den Zielgruppen fallen, von dem Thema „gehört zu haben". Es kann nicht erwartet werden, dass sich Menschen mit diesem Thema aus den Grenzbereichen des menschlichen Lebens, bei dem sie über ihr eigenes Lebensende nachdenken müssen, freiwillig beschäftigen.

9. Pflegende und Ärzte im Intensivbereich sehen in der mündlichen oder schriftlichen Mitteilung ihrer eigenen positiven oder negativen Spendebereitschaft eher eine moralische Verpflichtung ihren Angehörigen gegenüber als Berufs- und Bevölkerungsgruppen, die nicht so nah und intensiv mit Angehörigen von Patienten arbeiten.

Begründungs-/Vermutungsansatz: Diese Hypothese wird ebenfalls aus den Phänomenen der vorliegenden Untersuchungen abgeleitet. Ein entscheidender Ansatz ergibt sich zusätzlich aus den offenen Antworten der Befragten. Pflegende und Ärzte im Intensivbereich wissen um den Umgang mit den Angehörigen – den Umgang, den sie „brauchen", und den Umgang, den sie „bekommen". Es ist diesem Fachpersonal eher als anderen bewusst, dass sie selbst oder ihre eigenen Angehörigen in die Situation „ihrer" Patientenangehörigen kommen können.

10. Je mehr positive Erfahrungen Pflegende und Ärzte im Intensivbereich mit Randbedingungen (= Praxissituationen) im Prozess der Betreuung und Versorgung von Organ- und Gewebespendern einschließlich positiver Erfahrungen im Umgang und der Kommunikation mit den Angehörigen erfahren, desto höher ist ihre Motivation, positive Argumente und Informationen bzgl. Organ- Gewebespende / Transplantation zu verarbeiten und zu bewerten.

Begründung-/Vermutungsansatz: Die Annahme dieser Hypothese ist aus dem Elaboration - Likelihood-Modell, ELM, von Petty und Cacioppo (Stahlberg, Frey 1993) und Phänomenen der zwei empirischen Untersuchungen ableitbar. Im ELM werden zwei Wege der Einstellungsänderung durch Überzeugungsversuche beschrieben:

zentraler Weg = eine Person ist motiviert und fähig, Argumente und Informationen zu verarbeiten und zu bewerten = tiefe Verarbeitung von Argumenten und Informationen;

peripherer Weg = eine Person ist nicht motiviert und fähig, sich mit Argumenten und Informationen auseinander zusetzen und sie zu verarbeiten = oberflächliche Verarbeitung von Argumenten und Informationen.

Werden diese zwei Wege der Einstellungsänderung in Verbindung mit den Phänomenen zu den Fragen bzgl. der passiven Akzeptanz einer Organspende / Transplantation, der Unentschlossenheit bzgl. einer eigenen Spendebereitschaft (= Antwortoption „weiß nicht"), dem Kenntnisstand über die Hirntodkriterien, der Akzeptanz des Hirntodes zur Todesfeststellung, Praxissituationen und den offenen Antworten der Pflegenden und Ärzte gebracht, lässt diese Verbindung die Formulierung dieser Annahme zu. Auch die Betrachtungsweise des Menschen, nicht als „passiv reagierendes Wesen..., sondern aktiv Informationen verarbeitende Individuen, die sich durch subjektive Wahrnehmungen und Weiterverarbeitung objektiver Stimuli eine individuelle Abbildung der sie umgebenden Umwelt selbstständig aufbauen. ... Die Verarbeitung erfolgt ferner unter Berücksichtigung vorheriger Erfahrungen und bestehender Erwartungen der betreffenden Person" (Frey 1997), unterstützt diese Annahme.

Die Beschreibung von Phänomenen durch die Auswertungen der empirischen Erhebungen in Kliniken A und B, die sowohl Gemeinsamkeiten wie Unterschiede aufweisen, reflektieren den IST - Zustand von Pflegenden und Ärzten im Intensivbereich im Prozess der Versorgung und Betreuung von Hirntoten und Organspendern und deren Angehörigen. In der Annahme, dass bestimmte Phänomene unter speziellen Bedingungen auftreten (Manstead, Semin 1996), ist in zukünftigen Überprüfungen der TOPB bei Fachpersonal eine gute Verbindung zwischen Praxis und Theorie zu sehen, die richtungsweisend für einen Lösungsansatz zur Erklärung des gesellschaftlichen Phänomens sein kann: Das die aktive Akzeptanz einer Organspende wesentlich größer ist als die Bereitschaft, diese aktive Akzeptanz selbst zu dokumentieren oder Angehörige darüber zu informieren. „Es fehlen experimentelle Belege für die angenommenen kausalen Beziehungen zwischen der Einstellung zum Verhalten, der subjektiven Norm bzw. der wahrgenommenen Verhaltenskontrolle einerseits und der Intension bzw. dem Verhalten andererseits" (Jonas, Doll 1996) – eine Aussage, der eine Verbindung von empirischen Untersuchungen von Pflegenden und Ärzten im Intensivbereich in Verbindung mit sozialpsychologischer Forschung gerecht werden kann.

Auch die in der neueren Literatur beschriebenen Entwicklungsrichtungen mit den zusätzlich zu den drei bekannten Determinanten der TOPB vermuteten beeinflussenden Faktoren des Verhaltens (Conner, Armitage 1998) können zu einer weiteren Klärung oder Beweisbarkeit führen. Dies sind Faktoren im Zusammenhang zur Motivation zum Ausführen eines Verhaltens, der Möglichkeit zur Informationsverarbeitung, der wahrgenommenen moralischen Verpflichtung, dem vergangenen Verhalten und der Beeinflussung weiterer Faktoren, die zur Umsetzung einer Intension zu einem Verhalten führen. Praxisbedingungen auf Intensivstationen in deutschen Kliniken, in die Fachpersonal als wichtige Multiplikatoren integriert sind, sind vorhanden, Phänomene sind beschreibbar - für den Bereich der Organ-Gewebespende „... kann es für die Einstellungs-Verhaltensforschung nur heißen, mit frischem Mut an die anstehende theoretische Entwicklungsarbeit zu gehen." (Six, Eckes 1996).

2.2 Erklärungsheuristiken bereichsspezifisch

2.2.1 Einfluss der Sozialpsychologie, der Organisations- und der Personalentwicklung auf Stationsstrukturen im Intensivbereich

Der Aspekt der Berufsgruppen soll noch aus einer anderen Sichtweise betrachtet werden. Daher ein kleiner Exkurs zur Sozialpsychologie, der keinen Anspruch auf Vollständigkeit erhebt. Es wird in einigen Punkten dargestellt, dass
- durch eine interdisziplinäre Sichtweise und Kooperation gemeinsame Lösungswege und Ansätze für das Gesamtgeschehen einer Intensivstation gefunden werden können
- bestimmte Praxissituationen Folgen nach sich ziehen
- durch Ergebnisse sozialpsychologischer Forschung und aus dem Bereich der Organisations- und Personalentwicklung bestimmte Praxissituationen begründet werden können bzw. vorhandene Ergebnisse gut auf den Praxisalltag im Intensivbereich umsetzbar sind.

Die Übersicht der Forschungsthemen der Sozialpsychologie von Fisch und Daniel (1993) zeigt, dass es eine Vielzahl von Forschungsergebnissen zu den Themen der sozialen Interaktionen und Gruppenprozesse gibt, wobei lt. Schneider (1994) der Begriff des Gruppenprozesses bislang „uneinheitlich" verwendet wird und „alles und nichts ausdrückt".

1. Gruppeneinteilungen im Intensivbereich und gemeinsames Ergebnis der Gruppenarbeit

Viele Lebens- und Berufsphasen werden von Gruppenaktivitäten beeinflusst. Auf einer Intensivstation gibt es die Berufsgruppen der Pflegenden und der Ärzte (andere Berufsgruppen gibt es z.T. auch, diese beiden sind zahlenmäßig am stärksten vertreten). Ausgehend von einer Gruppenhomogenität könnten im Zusammenhang mit der Betreuung und Versorgung von Organ- und Gewebespendern die Gruppen anders definiert sein: die Gruppen des medizinischen Personals und der Angehörigen. Diese Einteilung wäre abhängig von vielen Faktoren: der Grundeinstellung der Personalgruppen untereinander, der Einstellung der Institution insgesamt und/oder der Formulierung einer konkordanten Zielfindung, d.h. ob Pflegende und Ärzte das gleiche Ziel haben bei gegenseitiger Abhängigkeit.

Bei der Ausübung des Berufes im Intensivbereich ist jedes Gruppenmitglied von der Arbeit des anderen Gruppenmitgliedes abhängig, sie interagieren ständig. Die Leistung einer Gruppe wird von intra- und interpersonellen Faktoren beeinflusst, was im Hinblick auf die Praxissituationen von Klinik A und B von Bedeutung ist. Als gemeinsames „outcome" (Wilke, van Knippenberg, 1996) dieser Interaktionen soll in Bezugnahme zu vorliegenden empirischen Untersuchungen das gemeinsame Interesse an der Betreuung und Versorgung von Organ- und Gewebespendern und deren Angehörigen gesehen werden.

2. Beeinflussung der Gruppenleistung im Intensivbereich

Wie bei oben genannten Autoren beschrieben, hängt nach Steiner „die Vorgehensweise eines Individuums oder einer Gruppe beim Lösen einer Aufgabe grundsätzlich von 2 Elementen ab: den Anforderungen der Aufgabe und den menschlichen Ressourcen". Im Kontext des Organspendeprozesses können Anforderungen der Aufgaben über die Organisationspolitik (Leitlinien) eines Krankenhauses oder im Zusammenhang mit einem Qualitätsmanagementsystem über die jeweilige Qualitätspolitik definiert sein. Unter menschlichen Ressourcen wird „das gesamte relevante Wissen verstanden, Fähigkeiten, Fertigkeiten und Werkzeuge, die dem Individuum oder der Gruppe zur Problemlösung zur Verfügung stehen." (ebenda). Menschliche Ressourcen sind z. Bsp.: Qualifikation des Personals, persönliche Eignung zur Ausübung des jeweiligen Berufes, Kenntnis der Hirntodkriterien, kommunikative Fähigkeiten, Informationsstand allgemein zur Thematik Organ- Gewebespende / Transplantation; Problemlö-

sung umgesetzt auf diese Arbeit bedeutet: die Betreuung und Versorgung eines Organ- Gewebespenders einschließlich seiner Angehörigen.
Bei der Leistung (Produktivität) kann nach der potenziellen und tatsächlichen Leistung unterschieden werden. Lt. Wilke und van Knippenberg (1996) bezieht sich die potenzielle Leistung „...auf das Ausmaß, in dem die zur Verfügung stehenden menschlichen Ressourcen dazu ausreichen, den Anforderungen der Aufgabe gerecht zu werden". Die tatsächliche Leistung, die geringer ist als die potenzielle, wird durch sogenannte Prozessverluste beeinflusst. „Man verfügt zwar über die menschlichen Ressourcen, die zur Aufgabenlösung erforderlich sind, aber irgendwas im Prozess selbst, in dem das Individuum die zur Lösung notwendigen Schritte vollzieht, missglückt.
Tatsächliche Leistung = potenzielle Leistung – Prozessverluste" (ebenda).
Umgesetzt auf den Organspendeprozess bedeutet dieses: Die Aufgabe ist klar definiert und menschlichen Ressourcen sind vorhanden, trotzdem gibt es Prozessverluste. Diesen Prozessverlusten können beispielsweise Praxissituationen im Intensivalltag zu Grunde liegen: mangelhafte Kooperationen der Gruppenmitglieder und / oder durch organisations- und personalpolitische Gründe. Hieran anknüpfend stellen sich die Fragen: Sind in den Kliniken A und B die Anforderungen an die Aufgabe klar definiert? Sind die menschlichen Ressourcen ausreichend? Welche Faktoren bedeuten für die Kliniken A und B Prozessverluste?

3. Leistung bei Anwesenheit der Angehörigen
Wie sich die Anwesenheit anderer auf die Leistung eines Individuums auswirkt, wird als eines der ältesten Forschungsinteressen der Sozialpsychologie beschrieben. Studien auf dem Gebiet zeigen, dass sich die Anwesenheit anderer als aktivierend (= soziale Aktivierung) oder hemmend (= soziale Hemmung) auswirken können. Zusammenfassend wird von den Autoren Wilke und van Knippenberg (1996) beschrieben: „Vielmehr wird argumentiert, dass bei komplexen Aufgaben oder bei Aufgaben, für die die Probanden ungeübt sind und deshalb schlechte Leistung erwarten, ein Publikum Unsicherheit und Ängstlichkeit bezüglich möglicher negativer Bewertungen auslöst. Dies geht mit einem negativen affektiven Zustand (Erregung) einher, der die Leistung in der Aufgabe verschlechtert. Bei einfachen oder ungeübten Aufgaben könnte die Erfolgserwartung und die günstige Bewertung durch das Publikum die Probanden zu einer Verbesserung ihrer Leistungen motivieren".
Die Bezugnahme zum Organspendeprozess in der Berufspraxis kann bedeuten:
- die Betreuung und Versorgung eines Organ- und Gewebespenders und dessen Angehörigen gehört zu den komplexen Aufgaben und
- ‚ungeübte Probanden' ist im Zusammenhang mit der Berufserfahrung der Mitarbeiter im Intensivbereich zu sehen, d.h. Mitarbeiter mit einer geringen Berufserfahrung sind eher verunsichert durch die Anwesenheit der Angehörigen, die aber unbedingt im Sinne der Angehörigen angestrebt wird.
Die Personalzusammensetzung, d.h. die Diensteinteilung auf einer Intensivstation kann nur sehr bedingt anhand der Patienten und Angehörigen vorgenommen

werden. Dennoch scheint dieses Ergebnis im Bereich der Pflege umgehbar zu sein. Bei guten Dienstübergaben besteht die Möglichkeit, dieses Problem anzusprechen, damit es nicht erst im Verlaufe eines Dienstes zum Problem wird.

4. Aufgabenbezeichnung

Anhand der bei den oben genannten Autoren beschriebenen Aufgabentypologie von Steiner, die der Klassifizierung und Vorhersage von Gruppenleistungen dienen soll, ließe sich die Aufgabe der Betreuung und Versorgung eines Organ-Gewebespenders und dessen Angehörige in die Typologie einer
unterteilbaren, optimierenden, konjunktiven, kooperativen Aufgabe zuordnen.
Das heißt:
unterteilbar: Einzelaufgaben werden von verschiedenen Mitarbeitern, d. h. Pflegenden und Ärzten, ausgeführt.
optimierend: das Ergebnis der Aufgabe, im Sinne des Organ-Gewebespenders und seiner Angehörigen zu handeln, hängt von der Genauigkeit, der Qualität der Einzelleistungen ab (Optimierungsaufgaben erfordern Qualität)
konjunktiv: alle Gruppenmitglieder müssen gemeinsam zum Ergebnis der Aufgabe beitragen und übereinstimmend handeln, die Qualität des Ergebnisses hängt vom schwächsten Gruppenmitglied ab.
Für die Berufspraxis bedeutet dieses:
- exakte Dienstübergaben
- gleicher und sicherer Informationsstand des Personals
- ausreichende Absprachen zwischen Pflegenden und Ärzten, um mit den Angehörigen die gleiche Kommunikationsebene und eine einheitliche Sprache zu haben

Die schwere „Arbeit" vieler Tage und Mitarbeiter beider Berufsgruppen kann durch insuffiziente Aussagen eines einzigen Mitarbeiters zunichte gemacht werden, was 1. hinsichtlich der Angehörigen, der anderen Mitarbeiter und der Patienten auf den Wartelisten ein zusätzliches Dilemma bedeutet und 2. kann sie einen Einfluss auf die Qualität der Organe / Gewebe haben bei Maßnahmen zur Aufrechterhaltung der Homöostase haben.
kooperativ: Interesse der Gruppenmitglieder, d.h. der Pflegenden und der Ärzte, ist es, ein gemeinsames Ziel / Ergebnis zu erreichen.
Die Vorhersage der Gruppenleistung bei unterteilbaren, konjunktiven Aufgaben wird als abhängig von der Aufgabenverteilung und Kompetenz bei dieser Typologie beschrieben, was in Bezugnahme zu Praxissituationen bei der Diensteinteilung des Personals durchaus berücksichtigt werden kann.

5. Gruppenstruktur

Lt. Wilke und van Knippenberg beinhaltet eine Gruppenstruktur differenzierende Elemente (Personen, Positionen) und Integrationsmechanismen (Kommunikation, Attraktion, Status, Kontrolle, soziale Norm). Zur Gruppenstruktur soll nur der Aspekt der Kommunikation beispielhaft erwähnt werden, da der Kom-

munikation eine ganz entscheidende Funktion im Zusammenhang mit dem Organspendeprozess zukommt. Eine Gruppenstruktur entwickelt sich, Kommunikation ist nicht nur zur Verständigung untereinander da, sondern „Über Kommunikation werden Positionen und Rollen definiert und bestimmten Personen zugeordnet. Darüber hinaus ermöglicht Kommunikation einer solchen Organisation die Aufrechterhaltung und Veränderung der Struktur von Rollen und Normen". (ebenda). Kommunikation gilt als „wesentlicher Aspekt sozialen Verhaltens" (Graumann, 1994) und kann als „Schlüsselbegriff für das Verständnis von Prozessen innerhalb und (später) zwischen Gruppen" (ebenda) gesehen werden.
Die Beziehung zwischen der Berufspraxis Pflegender und Ärzte zum Mittel der verbalen Kommunikation, der Sprache, die auch „einen Teil unserer sozialen Integrität" (Brown, 1996) bildet, soll durch folgenden Gedanken verdeutlicht werden: Bei der Kommunikation mit den Angehörigen ist es sehr bedeutsam, die Sprache der Angehörigen zu finden und zu sprechen. Die Sprache der Erklärung und der Feststellung des Hirntodes beispielsweise gilt als elementare Voraussetzung für das Verständnis und die Akzeptanz der Angehörigen.
Die Form oder das System der Kommunikationsweitergabe und Inhalte sind weiterhin von Bedeutung und müssen gut strukturiert sein, damit sie dem angestrebten Zweck gerecht werden. Eine Aussage (nach Tewes, 1978 in: Lütjen, Frey, 1994) aus dem Bereich der Gesundheitspsychologie ist in diesem Zusammenhang ebenfalls gut auf den Umgang mit den Angehörigen von Hirntoten und Organ- Gewebespendern umsetzbar, indem im folgenden Satz das Wort Patient durch das Wort Angehörige ausgetauscht wird: „Der Patient „handelt" deswegen mit Arzt und Pflegeperson um Informationen und versucht die Bedeutung dessen, was er vermittelt bekommt, zu analysieren bzw. bei Uneindeutigkeit zu hinterfragen."

6. Rolle eines Führers im Intensivbereich
Yatha Raja, tatha praja. (Wie der Herr, so's Gescherr.) – Hindu Sprichwort
Es ist ein wahres Sprichwort, dass Du, wenn Du mit einem lahmen Mann zusammenlebst, zu hinken anfängst. (Plutarch, Morals, in: de Vries, 1990)

In diesem Punkt werden Aspekte der Organisations- und Personalentwicklung ansatzweise betrachtet.
Personen, die einer Führungsrolle auf einer Intensivstation gerecht werden (sollen), sind zunächst die Stationsschwester/Stationspfleger und der Stationsarzt/Stationsärztin, die überwiegend vor Ort sind. In der nächsten Ebene sind die zuständige Pflegedienstleitung und der leitende Oberarzt/die leitende Oberärztin zu sehen, die am Praxisgeschehen mehr oder weniger aus einer größeren Distanz heraus beteiligt sind. Der Rolle eines Führers kommt eine ganz besondere Bedeutung zu, da sie einen entscheidenden Einfluss auf die ablaufenden Prozesse, das Stationsklima und die Leistung hat.
Die jeweiligen Führer der Berufsgruppen können nicht als homogene Führer gesehen werden, da zusätzlich zu der persönlichen Einstellung zur Organ- Ge-

webespende / Transplantation ein jeder mit individuellen Merkmalen, d.h. einem Persönlichkeitsspektrum, ausgestattet ist. Dieses Persönlichkeitsspektrum ist für den Umgang mit den Mitarbeitern und auch den Angehörigen kennzeichnend.

Disposition	Wahrscheinlichkeit für Führung	Wahrscheinlichkeit für Mitarbeiterbereitschaft
narzistisch	sehr hoch	niedrig
aggressiv	hoch	niedrig
paranoid	hoch	durchschnittlich
schauspielernd	durchschnittlich	durchschnittlich
distanziert	durchschnittlich	durchschnittlich
kontrollierend	hoch	hoch
passiv / aggressiv	niedrig	hoch
abhängig	sehr niedrig	hoch
masochistisch	sehr niedrig	hoch

Im Mitarbeiterteam gibt es auch Personen, die lt. ihrem Status keine Führungsrolle innehaben, trotzdem als solche gesehen und akzeptiert werden. So wird zwischen dem sozioemotionalen Führer und dem aufgabenorientierten Führer unterschieden. Weiterhin ist für ein Stationsgeschehen der jeweilige Führungsstil der leitenden Personen von Bedeutung. Es gibt bekanntlich verschiedene Führungsstile. Eine Führungskraft muss bzw. sollte diesen situationsbedingt und angemessen auswählen, da er ein Element einer Mikropolitik einer Organisation, in diesem Fall auf einer Intensivstation, darstellt. Da es sich bei der Berufsgruppe des Pflegepersonals überwiegend um weibliche Mitarbeiter handelt, seien aus dem Bereich der Organisationsentwicklung noch die feministischen Strategien erwähnt, die je nach beteiligter Person und Situation erfolgreich oder erfolglos sein können.
Die Auswertung der beiden empirischen Untersuchungen dieser Arbeit ist berufsgruppen- und klinikspezifisch erfolgt. Die Ergebnisse zeigen, dass es zu vielen Aspekten Gemeinsamkeiten gibt und zu welchen Aspekten sich Unterschiede ergeben. In diesem Zusammenhang und als Fazit sollen die Verknüpfungen mit Forschungsergebnissen der Sozialpsychologie, der Organisations- und Personalentwicklung gesehen werden:
1. Praxissituationen im Intensivalltag, d.h. eine gute Gruppenkooperation zwischen Pflegenden und Ärzten bzw. zwischen medizinischem Personal und Angehörigen im Hinblick einer harmonisierenden, qualitativ hochwertigen Spender- und Angehörigenbetreuung, werden entscheidend von dem Interesse einer gemeinsamen Arbeit, von Gruppenstrukturen einschließlich der Vorbildwirkung der Leitungen des pflegerischen und ärztlichen Bereiches beeinflusst.
2. Gemeinsame Forschungs- und Handlungsansätze für Gruppen-, Leistungs- und Leitungsverhalten können eine bessere Kooperation und Interaktion der Berufsgruppen und der Angehörigen zur Folge haben.

2.2.2 Einfluss der Institution Kirche auf die Thematik Organ- Gewebespende / Transplantation

Ein Anliegen dieser Arbeit ist, 1. auf die Konfessionszugehörigkeit im Zusammenhang mit der Organ- und Gewebespendebereitschaft von Fachpersonal aufmerksam zu machen und 2. nach einem weiteren Lösungsansatz zur Behebung des Organ- und Gewebemangels zu suchen (Zusammenhang zu Hypothese 2). Die deutsche Bevölkerung ist gegenwärtig von Säkularisierungsprozessen geprägt: Anteile der Bevölkerung mit Konfessionszugehörigkeit zur katholischen und evangelischen Kirche sind rückläufig, dennoch gehören ca. 68% der Gesamtbevölkerung der katholischen und evangelischen Kirchen an (2001: Gesamtbevölkerung: 82,4 Mill., davon: 26,4 Mill. evangelische und 26,6 Mill. katholische Christen). Im Gegensatz dazu ist die Zahl der Mitglieder jüdischer Gemeinden steigend, 2001 sind es ca. 93 000 gewesen. (Angaben statistisches Bundesamt Wiesbaden). Die Anteile der Bevölkerung mit Konfessionszugehörigkeit in den Bundesländern der Kliniken A und B sind sehr unterschiedlich, was durch die sozialdemographischen Daten der Befragten belegt wird.

In vielen internationalen Studien wird auf den Einfluss der Religion auf individuelle Einstellungen hingewiesen, vor allem im Hinblick auf negative Einstellungen „... there is a tendency to explain those attitudes in terms of the individuals' religious beliefs." (Habgood et al., 1997). Bei Furger (1997) ist zu lesen „... Entgegen manchen spontanen wie religiösen Hemmnissen gegenüber einem Eingriff in den Leichnam eines Menschen gibt es in der christlichen Tradition deutliche Zeichen dafür, dass die Idee einer Nutzung des verstorbenen Körpers zu Gunsten der noch Lebenden keinem Tabu untersteht....". Aussagen mit unterschiedlichen Erklärungen bzw. Ansätzen im Zusammenhang mit der Religion.

Ein Aspekt soll an dieser Stelle erwähnt werden, der von Bedeutung zu sein scheint. Er steht im Kontext der Konfessionszugehörigkeit und der Akzeptanz des Hirntodes als Tod des Menschen in Hinsicht eines besseren Verständnisses und damit eines positiven Einflusses auf die Organ- und Gewebespendebereitschaft: der Aspekt der ‚kulturell akzeptierten Qualität eines Leichnams'. Bei seiner Betrachtung sollten zwei Sichtweisen unterschieden werden, die für die deutsche Bevölkerung bedeutsam erscheinen, damit sie nicht zum Hemmnis der Organ- Gewebespendebereitschaft werden: die religiöse und die kulturelle Sichtweise. „It is important to distinguish between the two issues primarily because religious views are defined by one process and cultural views by another. It is fallacious to believe that simply by the process of public understanding of a specific religious view, individual and cultural attitudes will follow. Equally, it is difficult for the individual to interpret the view of their religion without a lead." (Habgood et al., 1997). In Japan beispielsweise, einem Land, in dem die Hauptreligionen Shinto, Taoismus, Confucianismus und Buddhismus sind, werden ethische und religiöse Einstellungen als Hemmnis im Organspendeprozess beschrieben : „The ethical and spiritual foundations of the Japanese mentality have hindered the progress of transplantation in Japan, sacrificing thousands of lives each year, and thus invoking a reevaluation of their ideals" (McConnell,

1999). Diese Religionen sind hierzulande (fast) nicht vertreten. Für Deutschland stellt sich eher das Problem dar, dass die Stellungnahmen der Hauptkirchen Deutschlands zum einen nicht ausreichend genug bei den Mitgliedern der Kirchen bekannt sind, zum anderen vermutet werden kann, dass bei Kenntnis bzw. einer offenen Diskussion darüber Hemmnisse zur Organ- Gewebespendebereitschaft abgebaut werden könnten. Folglich stellt sich die Frage, wem die Verantwortung zur Initiierung dieses Dialoges zwischen Bevölkerung und Religion in Deutschland zukommt, wer die oben zitierte „lead" für religiöse Fragen ist.

Historisch gesehen interagieren Pflege, Medizin und Religion schon lange, Pflege, Medizin und Religion unterliegen einem stetigen Wandlungsprozess. Mit diesem Wandel verbunden ist auch der Wandel der Todesvorstellungen wie von Mayer (1998) beschrieben und der den zentralen Punkt in der Hirntoddebatte bildet.

Der Dialog zwischen Staat und Kirche wird sehr lange geführt. Vor der Erklärung der Deutschen Bischofskonferenz und des Rates der Evangelischen Kirche in Deutschland (1997) sind Stellungnahmen zum Hirntod „Concluding document prolongation of life and the determination of the exact moment of death" von der Pontifical Academy of sciences (1985) und zur Spende und Verpflanzung von Organen in der „Charta der im Gesundheitswesen tätigen Personen" vom Päpstlichen Rat für die Seelsorge im Krankendienst (1995) veröffentlicht worden.

Nebenbei sei bemerkt, dass auch die Thematik der Lebendspende, die immer mehr Aktualität in Deutschland gewinnt, bereits seit Jahren unter katholischen Theologen kontrovers diskutiert wird. Mit den Prinzipien der Totalität und Integrität, von Pius XII.[1] im Jahre 1930 formuliert, um die eugenische Sterilisation zu verbieten, ist von einigen Theologen gegen die Lebendspende argumentiert worden, was aber auf einer falschen Interpretation eines Statements von Pius XII. beruht, dass er vor Delegierten der Italian Association of Cornea Donors and the Italian Union for the Blind 1956 abgegeben hat. In der heutigen Zeit ist erkennbar, daß auch ein Wandel der Prinzipien zu einer anderen Argumentation geführt hat: „In fact, the later magisterium, appealing to the Principle of Charity, has legitimated this type of transplant to offering a chance of health and even of live itself to the sick who sometimes have no other hope ...." (Habgood et al., 1997).

Die enge Kooperation zwischen den Institutionen Staat und Kirche, der staatskirchenrechtliche und Bestimmungen des Grundgesetzes und der Länderverfassungen zu Grunde liegen, beinhaltet u.a. Regelungen gemeinsam interessierender Fragen, z. Bsp. über Grenzfragen des menschlichen Lebens (Deutsche Bischofskonferenz, 2001: Der Mensch: sein eigener Schöpfer? – Wort der deutschen Bischöfe zu Fragen von Gentechnik und Biomedizin, Stellungnahme des Bevollmächtigten des Rates der Evangelischen Kirche in Deutschland zur Bio-

---

[1] Die Amtszeit von Pius XI. war von 1922-1939, die von Pius XII. von 1939-1958 (Brockhaus, Bd.4, 1991). Es kann vermutet werden, dass es sich in der recherchierten Lit.-quelle um einen Schreibfehler handeln könnte.

ethik, 1998, Zentralkomitee der deutschen Katholiken, 1997: Stellungnahme zum Menschenrechtsübereinkommen zur Biomedizin des Europarates, Zentralkomitee der deutschen Katholiken, 2001: Der biomedizinische Fortschritt als Herausforderung für das christliche Menschenbild. Diskussionsanstoß des kulturpolitischen Arbeitskreises des ZdK zum „Jahr der Lebenswissenschaften", Deutsche Bischofskonferenz: Zur ethischen Beurteilung des Klonierens, Evangelische Kirche in Deutschland, 1997: Positionspapier zum „Klonieren", Gemeinsames Wort der deutschen Bischofskonferenz und des Rates der Evangelischen Kirche in Deutschland zur Woche des Lebens – Präimplantationsdiagnostik -,1997, Deutsche Bischofskonferenz, 1998: Erklärung des Vorsitzenden, Bischof Dr. K. Lehmann, zur „Erklärung zum Schwangerschaftsabbruch nach Pränataldiagnostik" der Bundesärztekammer, Deutsche Bischofskonferenz, 1991: Erklärung des Vorsitzenden der DBK zur Diskussion über die Abtreibungspille Mifepriston, RU 486, Zentralkomitee der deutschen Katholiken 2001: Stellungnahme des Präsidenten des ZdK zur Zulassung des Präparates RU 486 u.a.).

Die Thematik der Organtransplantation ist in den letzten Jahren, speziell im Zusammenhang mit dem deutschen Transplantationsgesetz, zwischen Politik und Kirche kontrovers diskutiert worden. 1988 haben die Deutsche Bischofskonferenz und der Rat der Evangelischen Kirche in Deutschland eine Arbeitsgruppe zu Fragen der Organ- und Gewebetransplantation einberufen, die eine gemeinsame Erklärung beider Kirchen erstellt hat. Darin heißt es: „...Der Hirntod bedeutet ebenso wie der Herztod den Tod des Menschen. Mit dem Hirntod fehlt dem Menschen die unersetzbare und nicht wieder zu erlangende körperliche Grundlage für sein geistiges Dasein in dieser Welt. ... , können funktionsfähige Organe dem Leib entnommen und anderen schwerkranken Menschen eingepflanzt werden, um deren Leben zu retten und ihnen zur Gesundung oder Verbesserung der Lebensqualität zu helfen....". Es ist nicht zu erwarten, dass alle Mitglieder der katholischen und evangelischen Kirchen diese Meinung vertreten, was aber die Kenntnis dieser Stellungnahme voraussetzt.

An diesem Punkt kann an die Bildungsverantwortung der Kirchen und der Mitverantwortung für öffentliche Aufgaben angeknüpft werden, um den Dialog mit der Institution Kirche auszubauen. Ein Ausbau des Dialoges würde die Thematik der Organ- Gewebespende / Transplantation mehr publik zu machen und Hilfestellungen bei vielen Diskussionspunkten geben. Möglichkeiten und Themen des Dialoges gibt es genug: z. Bsp. im Religionsunterricht in den Schulen, in Hochschul- und Studentengemeinden, über die kirchliche Erwachsenenbildung, über die Seelsorge im Krankenhaus, in kirchlichen Seminaren zur wissenschaftlichen Vorbildung der Geistlichen, über kirchliche Laienarbeit, in kirchlichen Schulen und Ausbildungseinrichtungen u.a.. Nicht unerwähnt soll sein, dass es in Deutschland im Bereich der katholischen Kirche derzeit 12 katholisch-theologische Fakultäten an staatlichen Universitäten, rein kirchliche theologische Fakultäten in 4 Bistümern und mehrere Ordenshochschulen, im Bereich der evangelischen Kirche 18 staatliche theologische Fakultäten und 3 kirchliche

Hochschulen gibt (Quelle: Internet). Mit den erwähnten Beispielen sind eine Menge Möglichkeiten gegeben, um über die Institution Kirche auf die Thematik aufmerksam zu machen und dadurch dem Organ-Gewebemangel im Sinne der Hilfe für viele schwerkranken Menschen entgegenwirken zu können.
Themen eines Dialoges gibt es ebenfalls viele. In Bezugnahme zu den Berufsgruppen der Pflegenden und Ärzte im Intensivbereich seien die Bereiche Medizin- und Pflegeethik genannt. Nicht nur für die Medizin als Wissenschaft, auch für die praktische Pflege und die sich in Deutschland entwickelnde Gesundheits- und Pflegewissenschaft ist eine Interaktion über religiöse Fragestellungen notwendig. Eine Interaktion kann helfen, religiöse Hemmnisse einer Organ- und Gewebespendebereitschaft zu verhindern, also präventiv gesehen, oder abzubauen, sofern sie bereits bestehen, was ein weiteres Forschungsthema sein kann. Denn wie schon Albert Einstein (1879-1955) festgestellt hat: „Wissenschaft ohne Religion ist lahm, Religion ohne Wissenschaft ist blind".
Zusammenfassend sei gesagt, dass 1. nicht nur für Fachpersonal, sondern für derzeit ca. 68% der Bevölkerung auch die Institution Kirche dazu beitragen kann, dass Bewusstsein zur Thematik Organ- Gewebespende zu wecken und 2. somit eine wichtige Hilfestellung gegeben werden könnte, sich einer Einstellung bewusst zu werden.
Als letzte Anmerkung im Hinblick multikultureller und internationaler Entwicklungen sei die sich in Deutschland entwickelnde ‚Religionsstruktur', d.h. die steigende Zahl jüdischer Gemeindemitglieder, erwähnt. Gespräche mit Vertretern anderer Religionen ermöglichen es, auf die Thematik Organ- Gewebespende / Transplantation aufmerksam zu machen. Mitglieder anderer Religionen können ebenfalls sehr schnell und ganz direkt mit der Thematik konfrontiert werden: als Personal selbst in medizinischen Einrichtungen, als Betroffene oder als Angehörige.
Als aktuelleres Beispiel sei noch erwähnt, dass auf dem Weltkongress der Transplantation Society im Jahre 2000 in Rom Papst Johannes Paul zur höheren Organspendebereitschaft aufgerufen hat und die Organspende als Ausdruck der Nächstenliebe zu bewerten.

2.2.3 Einfluss des Gewissens auf die Betreuung und Versorgung von Organ-Gewebespendern

Bereits der umgangssprachliche Terminus eines ‚hirntoten Patienten' birgt einen Widerspruch mit enormer Tragweite in sich. Das Wort Patient (lat. patiens – leidend) bedeutet Kranker oder Leidender. Ein Kranker oder Leidender lebt. Bei einem Hirntoten ist der Hirntod festgestellt, er ist tot. Die Akzeptanz des Hirntodes als Tod des Menschen muss ein jeder für sich selbst entscheiden. Bei Anerkennung des Hirntodes als Tod des Menschen ist die Bezeichnung ‚hirntoter Patient' nicht richtig und irreführend und kann zu einem Gewissenskonflikt führen; speziell bei denjenigen, die einen besonders engen Umgang mit dem ‚hirntoten Patienten' haben. Die eigentliche Aufgabe von Pflegenden und Ärzten wird in der Gesellschaft im Arbeiten und „Funktionieren" dem Berufsauftrag entsprechend gesehen. Inwieweit Gewissensentscheidungen zu Grenzbereichen des menschlichen Lebens mit der Berufspraxis konform sind, ist nicht hinreichend genug bekannt. Auf diesen Aspekt, dem im Rahmen weitere Erarbeitungen mehr Aufmerksamkeit zukommen sollte, kann nur ansatzweise eingegangen werden. Die Bedeutung dieses Aspektes in all seiner Komplexität soll an zwei Beispielen verdeutlicht werden.

1. Zitat einer Oberärztin einer Intensivstation (Krankenhaus der Maximalversorgung), die im Rahmen einer empirischen Studie interviewt worden ist (Kütz, Wehkamp, 1995): „In der Anfangssituation, ..., habe ich mich oft als Mörder gefühlt. ... Es geht also nicht um die Frage, stirbt er heute oder morgen, dann auch noch wie er stirbt. Nicht – ja, ja – da ist das Mördergefühl. Du setzt die Minute fest, wo Du ein Leben beendest. Z.B. setzt du die Katecholamine ab, der Blutdruck fällt ab, in den nächsten zwei Stunden ist es dann aus, dann ist es sehr kühl in mir." Parallel zu diesem Interview ist kein Pflegepersonal befragt worden. Ist es auch kühl im Pflegepersonal? Offen bleibt, ob diese Oberärztin den Perfusor mit den Katecholaminen selbst ausgestellt oder diese Tätigkeit an Pflegepersonal delegiert hat. Realistisch ist, dass auf Grund der Aufgabenverteilung im Intensivbereich dieses Abschalten von einem Mitarbeiter/einer Mitarbeiterin des Pflegepersonals ausgeführt worden ist. In diesem Zusammenhang ergeben sich weitere offene Fragen: 1.Wie fühlt sich die Oberärztin, nachdem sie selbst den Perfusor ausgestellt hat? 2. Wie fühlt sich die Pflegeperson, die den Perfusor auszustellen hat? Sie muss sich zeitlich länger in unmittelbarer Nähe des Patienten und seiner Angehörigen aufhalten. 3. Sofern in dieser Behandlungsphase keine Kontraindikationen bzgl. einer Organ-Gewebespende bekannt sind: Wie wird es gerechtfertigt, dass auf Grund der Entscheidung eines Mitarbeiters/einer Mitarbeiterin vielleicht mehreren schwerkranken Menschen ein Überleben oder ein Weiterleben mit einer besseren Lebensqualität genommen wird? Zumal davon auszugehen ist, dass in dieser Phase der Wille bzw. vermutete Wille des Patienten noch nicht bekannt ist. 4. Wenn die Pflegeperson eine Organ-Gewebespende erkennen würde, der diensthabende Arzt/die diensthabende Ärztin nicht?

2. „Wer kann sich vorstellen, ... dass Intensivstationsschwestern den Leib einer schwangeren Hirntoten in der Absicht streicheln, dem lebenden Föten intaktes Leben zu simulieren und dies im vollen Bewusstsein an einem Leichnam zu agieren?" (Kütz, Wehkamp, 1995)

Realitäten der Praxis, denen von Außenstehenden eine andere Bedeutung beigemessen wird als vom Fachpersonal. Entscheidende Faktoren bleiben für Außenstehende unsichtbar und unberücksichtigt: die Faktoren der Angehörigen, die sowohl in Beispiel 1 wie 2 existent sind, und des Gewissens. Wenn z. Bsp. die Tätigkeiten in Bsp. 2 als „mitleidige Handlungen" (Herranz, 1995) oder von den Gegnern der Erhaltung der Lebensfunktionen bei hirntoten Schwangeren,

z. Bsp. von Feministinnen, als „unmenschlich" bezeichnet werden, so muss in diesem Zusammenhang auf die Thematik der Coping - Mechanismen aufmerksam gemacht werden, über die Fachpersonal in solchen Situationen verfügen muss. Es sind Realitäten, bei denen Gewissen, Recht und Gesetz aufeinander treffen.
In Bezugnahme zur Thematik dieser Arbeit stellt sich die Frage, ob Pflegende und Ärzte sich auf Grund ihrer eigenen Einstellung, also ihrer persönlichen Gewissensentscheidung, weigern können, an Toten zu arbeiten, ohne der Befürchtung nachteiliger arbeitsrechtlicher Konsequenzen. Unumstritten müssen beide Berufsgruppen, Pflegende und Ärzte, an Toten arbeiten. Die Phase der Aufrechterhaltung der Homöostase eines Organ-Gewebespenders kann Stunden bis Tage dauern, die Zeit der Organ- und Gewebeentnahme dauert ebenfalls einige Stunden. Der Aufgabenbereich der Ärzte umfasst alle medizinischen Maßnahmen zur Aufrechterhaltung der Homöostase, zu denen sie aufgrund ihres Berufsstandes verpflichtet sind. Es gibt Fachgebiete, die ausschließlich an Toten arbeiten. Dieses sind die Fachgebiete der Anatomie, Pathologie, Gerichtsmedizin, die mit zum Versorgungsauftrag gehören.
Bei der Betreuung und Versorgung von Organ-Gewebespendern durch Pflegende und Ärzte kommt es oft zu Überlagerungen der Tätigkeiten. Im Hinblick auf die Unterscheidung zwischen Anordnungs- und Durchführungsverantwortung lt. BGB und einer Abgrenzung der Kompetenz- und Verantwortungsbereiche in der Praxis gilt diese Überlagerung als erschwerend und kann zu Folgen führen. Neben diesem juristischen Aspekt gilt es zusätzlich als erschwerend, wenn nach Feststellung des Hirntodes bis zum Transport zur Entnahme in den OP keine klaren Vorgaben als Hilfestellung vorliegen „Similary, the nursing care given to organ donors before, during and after organ procurement is not described." (Wolf, 1990). Zum Tätigkeitsfeld der Pflegenden gehört lt. dem „Gesetz über die Berufe der Krankenpflege" von 1993, §4 die „... sach- und fachkundige, umfassende, geplante Pflege des Patienten und die gewissenhafte Vorbereitung, Assistenz und Nachbereitung bei Maßnahmen der Therapie und Diagnostik ...". Auch die „Berufsordnung des Deutschen Berufsverbandes für Pflegeberufe (DBfK) ..." von 1992 beinhaltet diese Formulierung. Mit dieser Formulierung sowie der Verlagerung der eigentlichen Pflegeziele (Windels-Buhr, 1991) in der Phase der Spenderkonditionierung können aus Sicht des Pflegepersonals „zwei verschiedene Argumentationen angeführt werden, um möglicherweise die Betreuung von Organ-Gewebespendern und die Mitarbeit an einer Explantation abzulehnen:
a) im Krankenpflegegesetz sei nur die Sorge um ‚Lebende' geregelt und
b) die Arbeit an Hirntoten könne sich aus Gewissensgründen verbieten (Heuer, 1999, persönliche Korrespondenz)
Die juristische Antwort bzgl. dieser Argumentationen lautet „... an keiner Stelle ist etwa nur von der Pflege lebender Patienten die Rede..., Etwas anders sieht es mit dem zweiten Argument aus, der Weigerung der Mitarbeit aus Gewissens-

gründen. Grundsätzlich lässt sich sagen, dass die Prüfung einer dienstlichen Anordnung des Arztes auf ihre Sachlichkeit und Zweckmäßigkeit nicht zu den Aufgaben des weisungsgebundenen Pflegepersonals gehört. Das Pflegepersonal ist vielmehr verpflichtet, den dienstlichen Anordnungen nachzukommen, soweit diese nicht ein gesetzliches Verbot verletzen. ... Aufgrund des Dienstvertrages hat der Arzt die Befugnis, die vom Pflegepersonal durchzuführenden Leistungen zu bestimmen. Die Weisungen des Vorgesetzten sind jedoch nach billigem Ermessen zu treffen (Anwendung des §315 BGB). Unabhängig von den Fällen, in denen der Arbeitnehmer aufgrund einer gesetzlichen Regelung die Arbeit verweigern darf (z.B. Mitwirkung beim Schwangerschaftsabbruch), <u>kann</u> die Interessenlage von Arbeitgeber und Arbeitnehmer <u>eine Arbeitsverweigerung aus Gewissensgründen</u> rechtfertigen. Nach den Feststellungen des BAG ist der sogenannte subjektive Gewissensbegriff maßgebend. Dieser setzt voraus, dass der Arbeitnehmer darlegt, ihm sei wegen einer aus einer spezifischen Sachlage folgenden Gewissensnot heraus nicht zuzumuten, die an sich vertraglich geschuldete Leistung zu erbringen. Lässt sich aus den festgestellten Tatsachen im konkreten Fall ein Gewissenskonflikt ableiten, so unterliegt die Relevanz und Gewichtigkeit der Gewissensbildung keiner gerichtlichen Kontrolle. Verbietet eine nach §315 Abs. 1 BGB im Rahmen des billigen Ermessens erhebliche Gewissensentscheidung dem Arzt, dem Pflegepersonal eine an sich geschuldete Mitarbeit zuzuweisen, so kann für den Arzt ein in der Person des jeweiligen Pflegers liegender Grund gegeben sein, das Arbeitsverhältnis zu kündigen, wenn eine andere Beschäftigungsmöglichkeit für den jeweiligen Pfleger nicht besteht – was aber zumindest in größeren Krankenhäusern unproblematisch der Fall sein müsste.
Das Krankenpflegepersonal kann also bei diagnostischen und therapeutischen Anordnungen seine eigene Gewissensentscheidung nicht gegen den weisungsberechtigten Arzt durchsetzen." (ebenda). Eine Anmerkung soll an dieser Stelle dazu noch gemacht werden: Eine Weigerung dem weisungsberechtigten Arzt gegenüber ist nur unter strengen Bedingungen möglich, wenn sie die Grenze zum Schutz des Lebens überschreiten und eine strafbare Handlung darstellen würden. „Das Krankenpflegepersonal ist allerdings in den ärztlichen Entscheidungsprozess mit einzubeziehen. Derjenige Krankenpfleger, der aus Gewissensgründen die Mitarbeit an einer Explantation verweigern möchte, sollte in jedem Fall den vorgesetzten Arzt darüber informieren und den Vorgang dokumentieren. In diesem Fall müsste nach der Rechtsprechung des BAG der Arzt den ihm offenbarten Gewissenskonflikt des Pflegepersonals bei der Bestimmung der jeweiligen zu absolvierenden Leistung berücksichtigen." (ebenda)
Praxisrelevante Aussagen, die Folgefragen im Zusammenhang zu Aspekten des Persönlichkeitsrechtes, der Würde und des Gewissens aufwerfen: z. Bsp.: Wenn Personal auf Grund seiner Gewissensentscheidung bestimmte Tätigkeiten nicht ausführen möchte, ist es dann Verweigerung oder die Achtung der eigenen Würde, die jedem nach §1 Abs. 1 des Grundgesetzes zukommt? Gehört die Versorgung / Betreuung von Toten zu den vertraglich geschuldeten Leistungen des

Arbeitnehmers, wenn keine offizielle Stellungnahme der Klinik vorliegt, von der die Mitarbeiter Kenntnis haben? Fragen, die an dieser Stelle nicht beantwortet werden können. Sie geben aber einen Hinweis auf die Komplexität der Thematik Organ-Gewebespende einschließlich der Bedeutung interdisziplinärer Dialoge. Die wissenschaftliche juristische Arbeit über „Die Rechte am menschlichen Körper" von Schünemann (1985) hat als Fazit die Formulierung: „Wichtigstes Ergebnis dieser Arbeit über einige durch den medizinischen Fortschritt geschaffene rechtliche Probleme sollte die Einsicht sein, in den angesprochenen Bereichen wie etwa Eizelle, Nasziturus, Leiche oder Organmarkt die Rechtsunsicherheit vermindern zu müssen". Ein Ergebnis, dass gegenwärtig als Anspruch im Hinblick auf Praxissituationen und derzeitige Weiterentwicklungen in vielen Fachgebieten Gültigkeit besitzt.

2.3. Hypothesen

Anhand der Daten insgesamt sind sechs Hypothesen geprüft worden, denen verschiedene Einflussfaktoren auf die Variable der Spendebereitschaft von Pflegenden und Ärzten zugeordnet worden sind (s. Pkt. 2.1.3.).
1. Hypothese: Medizinisches Fachpersonal, Pflegepersonal sowie Ärzteschaft im Intensivbereich, hält den Hirntod als nicht ausreichend zur Feststellung des Todes.
2. Hypothese: Die Konfessionszugehörigkeit steht mit der Bereitschaft der Pflegenden und Ärzte, eigene Organe postmortal zu spenden oder fremde Organe im eigenen Krankheitsfall anzunehmen in der Weise in einem Zusammenhang, dass sie sich als Hinderungsgrund darstellt.
3. Hypothese: Ärzte und Pflegende, die sich nicht ausreichend über das Thema Organspende / Transplantation informiert fühlen, lehnen die Organspende viel häufiger ab als ihre Kollegen, die sich informiert fühlen.
4. Hypothese: Je häufiger der Umgang mit den Angehörigen als Belastung empfunden wird, umso geringer ist die Spendebereitschaft.
5. Hypothese: Die Entscheidungsbereitschaft des medizinischen Fachpersonals für oder gegen eine Organspende wird von Situationen beeinflusst, die Pflegende und Ärzte in ihren Arbeitsbereichen, bei der Versorgung und Betreuung von Organspendern und deren Angehörigen, wahrnehmen.
6. Hypothese: Wenn Ärzte sich vorstellen können, die Meldung eines potenziellen Organspenders an das zuständige Transplantationszentrum weiterzuleiten, um Gespräche mit den Angehörigen zu vermeiden, lehnen sie auch eine eigene postmortale Organspende häufiger ab.

Aus Übersichtsgründen konnte in der Originalarbeit nur eine Hypothese unter Punkt 5 dargestellt werden. Vorhandene Daten würden es durch weitere Auswertungen und Berechnungen ermöglichen, als neue Zielvariable die Vorstellung der Zögerung der Meldung an das zuständige Transplantationszentrum einzuführen und Einflussfaktoren zu ermitteln. Die Verbindung dieser neuen Zielgröße ist ebenfalls mit der Theorie des geplanten Verhaltens möglich (Vgl. zu Pkt. 2.1.4): *Handlungsaspekt:* Handlung der Meldung an das zuständige Transplantationszentrum; *Zielaspekt:* die Weiterleitung der Meldung; *Kontextaspekt:* soziales System Klinik mit den jeweiligen praxisbedingten Voraussetzungen; *Zeitaspekt:* im Zusammenhang mit der Erkennung eines potenziellen Organ-Gewebespenders = klare Definierung des Zeitpunktes ist möglich. Dieses würde aber den Umfang einer eigenständigen, weiteren Arbeit in Anspruch nehmen.

3. Methodik der Datenerhebung

3.1. Fragebogen

Das verwendete Untersuchungsinstrument gliedert sich in vier Abschnitte. Im ersten Abschnitt geht es um die Meinung und allgemeine Spendebereitschaft des Fachpersonals. Im zweiten Abschnitt befinden sich Fragen zum Umgang mit Angehörigen von Hirntoten und Organspendern. Speziell geht es hier um die Wahrnehmung und Belastung des Personals. Die Fragen im dritten Abschnitt sind zur Informationsbeschaffung und zum Informationsstand gestellt. Sozialdemografische Angaben werden im vierten Abschnitt erfragt (Fragebogen siehe Anhang).

Für den Pilottest vor der ersten Befragung haben jeweils drei Mitarbeiter aus pflegerischen und ärztlichen Bereichen anderer medizinischer Einrichtungen den Fragebogen ausgefüllt. Da sich keine bedeutenden Verständnis- und Inhaltsprobleme ergeben haben, ist das Instrument verwendet worden.

3.2. Datenerhebungen

Methode	schriftliche Vollerhebung
Instrument	selbständig erarbeiteter, standardisierter, mit ZUMA Mannheim bzgl. der Methodik bearbeiteter Fragebogen
Zielgruppen	Pflegende und Ärzte verschiedener Intensivstationen
Klinik A, 1998	Klinik der Maximalversorgung und akademisches Lehrkrankenhaus einer Universität und einer Fachhochschule, zeitlicher Verlauf der Befragung: August – Oktober 1998
Klinik B, 2000	Universitätsklinik, zeitlicher Verlauf der Befragung: Juli – Oktober 2000
Rücklaufquoten	Klinik A: 95%, Klinik B 56%

Tbl. 1: Datenerhebungen Klinik A und Klinik B

Im Rahmen der Anonymität ist den Mitarbeitern garantiert worden, dass es nicht um die Bewertung der persönlichen Meinungen geht und die Aussagen zu keinen anderen Zwecken gebraucht werden. Die Ursache der Differenz bei den Rücklaufquoten kann nur vermutet, nicht bewiesen werden: 1. Die Teilnehmer in Klinik A haben eine positivere innere Einstellung gegenüber Befragungen. 3. Die Teilnehmer in Klinik B, einer Universitätsklinik, werden insgesamt mehr um die Ausfüllung von Fragebögen gebeten, wodurch das Interesse am Ausfüllen von Fragebögen niedriger sein kann. 3. In diesem Zusammenhang kann weiter vermutet werden, dass die Nonresponder aus Klinik B nicht als zufällig gelten, sondern einer bestimmten Gruppe angehören:

- bezogen auf die Spendebereitschaft: Gruppe der Nichtspender
- bezogen auf das Interesse am Ausfüllen von Fragebögen: Gruppe der Spender oder der Nichtspender.

Als Folge für die Interpretation ergeben sich für Klinik B kleinere Fallzahlen, wodurch die Aussagekraft für diese Klinik gemindert wird.
Gründe für einzelne fehlende Antworten sind nicht bekannt. Vermutet werden können Vergesslichkeit, fehlende Entscheidungsfähigkeit oder ein Unbehagen gegenüber den Fragen. Auswertungskriterien beider Erhebungen sind Pflegende versus Ärzteschaft und Klinik A versus Klinik B. Die berufsgruppenspezifische Auswertung ist gewählt worden, um erkennen zu können, zu welchen Aspekten sich eher Gemeinsamkeiten oder Unterschiede zwischen den Berufsgruppen ergeben.
Die klinikspezifische Auswertung ist gewählt worden, um erkennen zu können, ob sich zwischen den Kliniken A und B Unterschiede ergeben und ob diese Unterschiede evtl. auf Organisations- und/oder Personalstrukturen zurückzuführen sind. Internationale Beispiele, wie bei Beasley und Blaustein (1997) beschrieben, um klinikspezifische Ansätze zur Problematik des Organspendemangels angehen zu können, könnten durchaus auch in Deutschland erarbeitet werden.
Das klinikspezifische Programme helfen, die Organspendesituation einer jeweiligen Klinik zu verbessern, zeigt die internationale Initiative „Donor Action". In einer Pilotphase sind in 11 Intensiveinheiten in Spanien (2), den Niederlanden (2), United Kingdom (1) und Canada (6) jeweils Patientendaten (medical record reviews) und Einstellungen des Intensivpersonals (hospital attitude surveys) erhoben worden. Die daraus folgende Implementierung spezieller Programme hat nachweisbar zu einer Steigerung der Organspenden geführt (Wight et al. 2000).
Beide Auswertungskriterien führen weg von einer globalen Betrachtungsweise. Sie sollen gezielt zu den Pflegenden und Ärzten im Intensivbereich führen.

3.2.1 Datenerhebung 1 - Klinik in den alten Bundesländern

Die Klinik der ersten Befragung, **Klinik A** (= Fachklinik), ist eine medizinische Einrichtung in den alten Bundesländern. Bei dieser Untersuchung sind alle Mitarbeiter des Pflegepersonals der neurochirurgischen Intensivstation der Einrichtung, alle Neurochirurgen und alle Anästhesisten der ärztlichen Mitarbeiter des Hauses erfasst worden. Insgesamt haben 96 Mitarbeiter die Fragebögen bekommen, fünf Mitarbeiter haben den Fragebogen nicht ausgefüllt.
Von den 96 Befragten gehören 37 zum Pflegepersonal und 59 zur Ärzteschaft. Von den Pflegenden sind zwei Fragebögen ohne statistische Angaben und zwei Fragebögen nicht ausgefüllt worden. Von den Ärzten sind ebenfalls zwei Fragebögen ohne statistische Angaben abgegeben worden und drei Fragebögen überhaupt nicht.

Als Zufallsmoment während der Zeit dieser ersten Befragung muss erwähnt werden, dass die Befragten durch die Versorgung und Betreuung zweier Organspender direkt mit der Thematik konfrontiert worden sind.

3.2.2 Datenerhebung 2 - Klinik in den neuen Bundesländern

Die zweite Befragung ist in **Klinik B** (= Uniklinik) in den neuen Bundesländern durchgeführt worden. Bei dieser Untersuchung sind alle Mitarbeiter des Pflegepersonals und der Ärzteschaft von drei verschiedenen interdisziplinären Intensivstationen befragt worden, auf denen Hirntote und Organspender einschließlich ihrer Angehörigen versorgt und betreut werden. Eine dieser drei Intensivstationen ist eine Kinder-Intensivstation. Insgesamt haben 127 Mitarbeiter den Fragebogen bekommen. 56 Mitarbeiter haben den Fragebogen nicht ausgefüllt. Von den 127 Befragten gehören 99 zum Pflegepersonal und 28 zur Ärzteschaft. 40 Pflegende (40%) und 16 Ärzte (57%) haben nicht an der Untersuchung teilgenommen.

3.3. Vorstellung der Teilnehmer der Untersuchungen

Anhand der statistischen Angaben der Untersuchungsteilnehmer ergeben sich folgende Verteilungen zum Alter, zum Geschlecht, zur Berufserfahrung und zur Konfessionszugehörigkeit. In den Grafiken sind die Werte „keine Angaben" mit aufgeführt um zu zeigen, wie hoch die Nicht-Beantwortung der jeweiligen Frage ist.

3.3.1 Altersverteilung der Teilnehmer

Zur Beantwortung sind verschiedene Altersgruppen vorgegeben gewesen.
Frage: Wie alt sind Sie?

Teilnehmer Klinik A

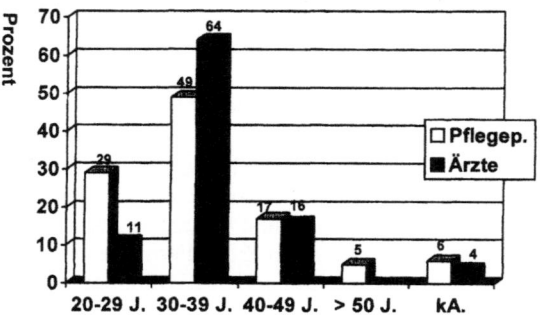

Abb. 5: Alter, Klinik A
Anzahl der ausgew. Fragebögen 1998, n = 91, davon n Pflegepers. = 35, n Ärzte = 56

Teilnehmer Klinik B

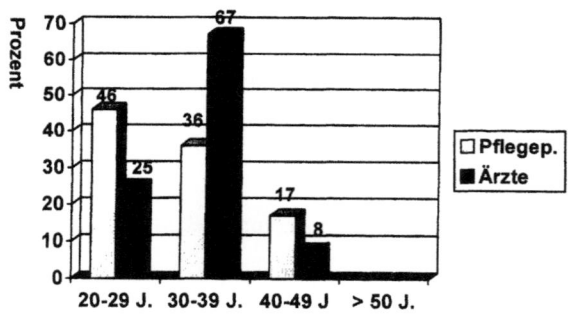

Abb. 6: Alter, Klinik B
Anzahl der ausgew. Fragebögen 2000, n = 71, davon n Pflegepers. = 59, n Ärzte = 12

♦ In beiden Kliniken gehören die meisten Mitarbeiter beider Berufsgruppen zu den Altersgruppen 20-29 und 30-39 Jahren. In Kliniken A und B besteht zwischen den Pflegenden und den Ärzten hinsichtlich der Altersverteilung kein signifikanter Unterschied (Klinik A p = 0,081, Klinik B p = 0,255).
♦ Die Pflegenden und Ärzte der Kliniken A + B unterscheiden sich hinsichtlich der Altersgruppen nicht signifikant (Pflegende p = 0,371, Ärzte p = 0,474).

3.3.2 Geschlechtsverteilung der Teilnehmer
Frage: Ihr Geschlecht?

Teilnehmer Klinik A + B

	Pflegepersonal		Ärzteschaft	
	Klinik A	Klinik B	Klinik A	Klinik B
weiblich	n = 29 88%	n=54 91%	n = 10 18 %	n=4 33%
männlich	n = 4 12%	n=5 9%	n = 44 82%	n=8 67%

Tbl. 2: Geschlecht, Kliniken A + B
Anzahl der ausgew. Fragebögen Klinik A, 1998   Anzahl der ausgew. Fragebögen Klinik B, 2000
n = 87, davon n Pflegepers. = 33, n Ärzte = 54   n = 71, davon n Pflegepers. = 59, n Ärzte = 12

♦ Die Geschlechtsverteilung lässt erkennen, dass bei beiden Studiengruppen bei den Pflegenden das weibliche und bei den Ärzten das männliche Geschlecht überwiegt.

3.3.3 Berufserfahrung der Teilnehmer
Zur Beantwortung sind verschiedene Gruppen vorgegeben gewesen.

Frage: Wie lange haben Sie Berufserfahrung als Arzt oder als Pflegeperson?

Teilnehmer Klinik A

	unter 1 J.	1- unter 2 J.	2- unter 5 J.	5- unter 10 J.	mehr als 10 J.
Pflegepersonal	0	0	3 9%	10 30%	20 61%
Ärzteschaft	5 9%	3 6%	11 20%	18 33%	17 32%

Tbl. 3: Berufserfahrung, Klinik A
Anzahl der ausgew. Fragebögen 1998, n = 87, davon n Pflegepersonal = 33, n Ärzte = 54

Teilnehmer Klinik B

	unter 1 J.	1- unter 2 J.	2- unter 5 J.	5- unter 10 J.	mehr als 10 J.
Pflegepersonal	2 3%	1 2%	5 8%	18 31%	33 56%
Ärzteschaft	0	1 8%	5 42%	4 33%	2 17%

Tbl. 4: Berufserfahrung, Klinik B
Anzahl der ausgew. Fragebögen 2000, n = 71, davon n Pflegepersonal = 59, n Ärzte = 12

- In Klinik A haben die meisten Mitarbeiter beider Berufsgruppen eine mittlere bis hohe Berufserfahrung. Pflegende und Ärzte unterscheiden sich hinsichtlich ihrer Berufserfahrung nicht signifikant (p = 0,063). In Klinik B hat der überwiegende Teil der Pflegenden eine hohe Berufserfahrung. Die Ärzte besitzen eher eine mittlere bis hohe Berufserfahrung. Der signifikante Unterschied zwischen den Berufsgruppe (p = 0,012) ergibt sich vermutlich aus den unterschiedlichen Fallzahlen der Pflegenden und Ärzte.
- Der Kliniksvergleich der Pflegenden und Ärzte beider Kliniken hinsichtlich der Anzahl der Jahre der Berufserfahrung ergibt zwischen den Berufsgruppen keine signifikanten Unterschiede (Pflegende p = 0,947, Ärzte p = 0,431).

Die meisten Studienteilnehmer beider Kliniken haben eher eine mittlere bis hohe Berufserfahrung. Es wird davon ausgegangen, dass sie dadurch bedingt einen großen Bezug zur Thematik Organspende/Transplantation haben.

3.3.4 Konfessionszugehörigkeit der Teilnehmer
Frage: Ihre Religionszugehörigkeit?

- Der überwiegende Teil der Pflegenden und Ärzte aus Klinik A (Fachklinik) hat eine Konfessionszugehörigkeit angegeben. Die Berufsgruppen unterscheiden sich hinsichtlich dieser Angaben nicht signifikant (Klinik A p = 0,350). Die meisten Pflegenden und Ärzte in Klinik B (Uniklinik) gehören keiner Konfession an. Die Angaben ergeben ebenfalls keinen signifikanten Unterschied zwischen den Berufsgruppen (Klinik B p = 0,604).
- Der Vergleich der Pflegenden und Ärzte beider Kliniken (und Bundesländer) ergibt einen höchst signifikanten Unterschied (p<0,001).

Teilnehmer Kliniken A und B

	keine		römisch-katholisch		evangelisch		sonstige	
	Klin. A	Klin. B	Klin. A	Klin. B	Klin. A	Klin. B	Klin. A	Klin. B
Pflegepersonal	4 / 13%	45 / 80%	17 / 53%	4 / 7%	11 / 34%	7 / 13%	0	0
Ärzteschaft	8 / 15%	9 / 82%	19 / 36%	0	24 / 45%	2 / 18%	2 / 4%	0

Tbl. 5: Religionszugehörigkeit, Kliniken A und B
Anzahl der ausgew. Fragebögen Klinik A, 1998   Anzahl der ausgew. Fragebögen Klinik B, 2000
n = 85, davon n Pflegepers. = 32, n Ärzte = 53   n = 67, davon n Pflegepers. = 56, n Ärzte = 11

In diesen Angaben unterscheiden sich die Befragten deutlich voneinander. Bei Vernachlässigung der Angaben zu den Optionen „sonstige" und „keine Angaben" wegen der geringen Fallzahl ist erkennbar, dass die Mehrheit der Teilnehmer aus Klinik A einer Konfession angehört im Gegensatz zu den Teilnehmern aus Klinik B. Diese Angaben erlauben keine Aussagen, wie intensiv der religiöse Hintergrund der Teilnehmer ausgeprägt ist und Lebenssituationen beeinflusst. Zwischen den einzelnen Konfessionen wird nicht unterschieden, da es sich um die beiden Hauptkonfessionen in Deutschland handelt und eine weitere Differenzierung für die Grundaussage dieser Arbeit nicht von Bedeutung ist.

Zusammenfassend kann zum Spektrum der Pflegenden und Ärzten beider Untersuchungen gesagt werden, dass sie sich bzgl.
1. der Altersverteilung,
2. der Geschlechtsverteilung und
3. der Anzahl der Jahre Berufserfahrung nicht wesentlich voneinander unterscheiden.
4. Die Befragten beider Untersuchungen unterscheiden sich deutlich bzgl. ihrer Konfessionszugehörigkeit.

4. Spendebereitschaft des Fachpersonals

„Es sind die Lebenden, die den Toten die Augen schliessen.
Es sind die Toten, die den Lebenden die Augen öffnen."[2]

4.1. Spendebereitschaft allgemein

Die Spendebereitschaft der Pflegenden und Ärzte der Fachbereiche gilt als primäre Zielgröße.

Frage: Sind Sie bereit, nach Ihrem Tod Organe zu spenden?
Teilnehmer Klinik A

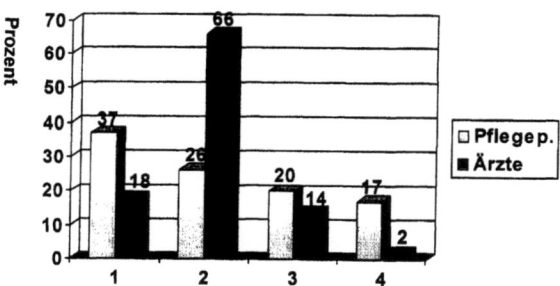

Abb. 7: Spendebereitschaft, Klinik A
Anzahl der ausgew. Fragebögen 1998, n = 91, davon n Pflegepers. = 35, n Ärzte = 56
1 = ja, nur bestimmte Organe, 2 = ja, alle Organe, 3 = nein, 4 = weiß nicht

Teilnehmer Klinik B

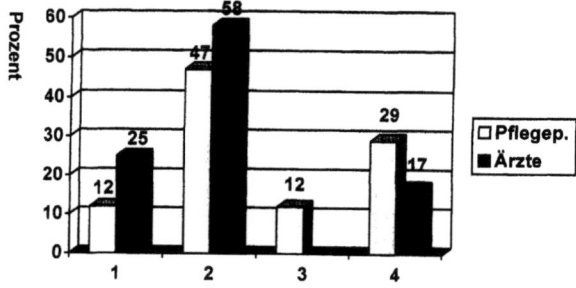

Abb. 8: Spendebereitschaft, Klinik B
Anzahl der ausgew. Fragebögen 2000, n = 71, davon n Pflegepers. = 59, n Ärzte = 12

---
[2] unbekannt, in: PFLEGE HEUTE, S. 499

1 = ja, nur bestimmte Organe, 2 = ja, alle Organe, 3 = nein, 4 = weiß nicht

- In Klinik A (Fachklinik) unterscheiden sich Pflegende und Ärzten hinsichtlich ihrer Spendebereitschaft höchst signifikant (p = 0,001): Mehr Ärzte als Pflegende sind zur eigenen postmortalen Multiorganspende bereit. Pflegende beschränken ihre Spendebereitschaft auf die Spende einzelner Organe. Mehr Pflegende (20%) als Ärzte (14%) lehnen eine eigene postmortale Organspende ab.
- In Klinik B (Uniklinik) sind die meisten Befragten beider Berufsgruppen zur eigenen Multiorganspende bereit. Die Berufsgruppen unterscheiden sich nicht signifikant voneinander (p = 0,329). 12% der Pflegenden lehnen ihre eigene postmortale Organspende ab.
- Die Pflegenden beider Kliniken insgesamt unterscheiden sich in ihrer Spendebereitschaft sehr signifikant (p = 0,010): In Klinik B sind mehr Pflegende zur eigenen Multiorganspende bereit als in Klinik A. Die Ärzte beider Kliniken insgesamt unterscheiden sich in ihrer Spendebereitschaft nicht signifikant (p = 0,071).

Die Frage, die sich anhand dieser Antworten ergibt ist vermutlich die, warum die Spendebereitschaft des Fachpersonals nicht 100% beträgt. Die Auswertungen der Fragebögen insgesamt, einschließlich der offenen Antworten der Befragten (die sehr aussagekräftig sind, auf die ebenfalls aus Übersichtsgründen verzichtet werden muss), lassen die Vermutung zu, dass die Spendebereitschaft des Fachpersonals in nicht unbedeutendem Masse von externen Umgebungsfaktoren beeinflusst wird und somit zur Begründungen dieser Phänomene der Spendebereitschaft führen können.

Ein Gruppenunterschied zwischen Pflegenden und Ärzten bzgl. der Spendebereitschaft hat sich ebenfalls in einer Untersuchung von Weber und Canbay (1999) gezeigt. In dieser Untersuchung, bei der 759 Fragebögen von Ärzten und 820 Fragebögen von Pflegenden verschiedener unterschiedlicher Fachbereiche ausgewertet worden sind, würden Ärzte eher als Pflegende Organe spenden wollen. In beiden Gruppen ist eine große Anzahl der Mitarbeiter beunruhigt über die Todesfeststellung, Organhandel, Vermittlung und kriminelle Aktivitäten, wobei mehr Pflegende als Ärzte diese Meinung angegeben haben.

Die Beantwortung obiger Frage ist im folgenden Punkt in den Antworten weiter differenziert worden.

4.2. Spendebereitschaft bezogen auf einzelne Organe
Frage: Welche Organe sind Sie bereit zu spenden?

Die Spendebereitschaft gegenüber der Niere ist bei allen Befragten zu 100% angegeben worden.

Teilnehmer Klinik A (Fachklinik)

	Herz	Lunge	Leber	Pankreas	Cornea
Pflegepersonal	46% (6)	23% (3)	23% (3)	38% (5)	46% (6)
Ärzte	60% (6)	40% (4)	70% (7)	60% (6)	50% (5)

Tbl. 6: Spendebereitschaft, bezogen auf einzelne Organe, Klinik A
Anzahl der ausgew. Fragebögen 1998: n = 22, davon n Pflegepers. = 13 (37%),
n Ärzte = 9 (16%)

Reihenfolge Pflegende: Niere – Herz/Cornea – Pankreas – Lunge/Leber
Reihenfolge Ärzte: Niere – Leber – Herz/Pankreas – Cornea - Lunge

Teilnehmer Klinik B (Uniklinik)

	Herz	Lunge	Leber	Pankreas	Cornea
Pflegepersonal	57% (4)	71% (5)	86% (6)	86% (6)	29% (2)
Ärzte	33% (1)	33% (1)	67% (2)	67% (2)	33% (1)

Tbl. 7: Spendebereitschaft, bezogen auf einzelne Organe, Klinik B
Anzahl der ausgew. Fragebögen 2000: n = 10, davon n Pflegepers. = 7 (12%),
n Ärzte = 3 (25%)

Reihenfolge Pflegende: Niere – Leber/Pankreas – Lunge – Herz - Cornea
Reihenfolge Ärzte: Niere – Leber/Pankreas – Lunge/Herz/Cornea

Worin die unterschiedliche Bereitschaft zur Spende einzelner Organe begründet ist, wird durch diese quantitativen Erhebungen nicht erfasst. Ursachen könnten erst in weiteren Interviews ersichtlich werden.
An dieser Stelle soll ein Ergebnis eines interdisziplinären Projektes erwähnt werden. Es fügt sich in den Zusammenhang dieser Arbeit ein und kann mit als richtungsweisend für den Gewebespendenbereich in der untersuchten Region (Klinik B-Uniklinik) gesehen werden: Die Ablehnung gegenüber einer Augenhornhaut- oder Herzspende ist am höchsten bei Personen mit einer positiven Spendebereitschaft. Wenn nicht das gesamte Auge, sondern nur die vordere Hornhautscheibe entnommen würde, ist eine höhere Zustimmung zur Entnahme angegeben worden. In den vier befragten Projektgruppen ist die Zustimmungsrate bei den Ärzten am höchsten, beim Pflegepersonal am niedrigsten gewesen. Die Ablehnungsraten gegenüber einer Herzspende können als mit Basisinformation für den Bereich der Herzklappenspende gesehen werden (s. auch Punkt 5.2., an dieser Stelle werden nähere Projektangaben gemacht).
In einer internationalen Multicenterstudie, in der Einstellungen zur Organtransplantation und Organspende bei Medizinstudenten in Deutschland, Österreich und der Schweiz untersucht worden sind (Strenge et al. 2000), ist die Nierenspende am wenigsten abgelehnt worden. Herz und Augenhornhaut werden häufig als Spenderorgane angegeben, jedoch mit einem Unterschied der Studierenden.

Eine geringere Zustimmungsrate zur Spende der Augenhornhaut wird in einer Untersuchung bei Personen mit und ohne medizinische Ausbildung von Künsebeck, Wilhelm und Harborth (2000) beschrieben. Erstaunlich ist eine Aussage dieser Untersuchung auf die Frage nach dem Organ, dass „auf keinen Fall" gespendet werden würde: „... 4,1% der Angehörigen der Gesundheitsberufe und 2,1% der anderen nannten als Organ, dass sie auf keinen Fall spenden würden, das Gehirn...". Im Hinblick auf die Multiplikatorfunktion von Angehörigen von Gesundheitsberufen und mit unbestrittener Tatsache, dass die Feststellung des Hirntodes die unumgängliche Voraussetzung einer Organspende ist, ist das ein bemerkenswertes Ergebnis. Ein bemerkenswertes Ergebnis, welches im Zusammenhang mit Ausbildungseinrichtungen für Gesundheitsberufe gesehen werden sollte. Im Gegensatz zu diesen Ergebnissen ist bei Kent und Owens (1995) bei einer Erhebung von Krankenschwestern, die mit einem von Parisi und Katz erstellten Fragebogen durchgeführt worden ist, die größte Ablehnung gegenüber der Augenhornhaut beschrieben.

Die Auswertung einer Untersuchung von Basu, Hazariwala und Chipman (1989) zeigt demgegenüber ein Ergebnis, welches sich speziell für den Bereich der Gewebespende / -transplantation als interessant darstellt: Das meiste Wissen ist gegenüber einer Corneatransplantation angegeben worden, gefolgt vom Wissen über Nieren-, Herz-, Knochenmark- und Lebertransplantationen. Dem überwiegenden Teil der Befragten ist die Eye-Bank in Canada bekannt gewesen und davon haben wieder über die Hälfte der Befragten gewusst, was eine Eye-Bank ist.

4.3. Gruppen der Nicht-Spender in Klinik A und Klinik B

In diesem Punkt wird dargestellt, welche sozialdemografischen Angaben den Nicht-Spendern in den Kliniken zugeordnet werden können.

		Klinik A		Klinik B	
		Pflegepers.	Ärzte	Pflegepers.	Ärzte
Alter	20-29 Jahre	4 (31%)	1 (11%)	9 (37%)	-
	30-39 Jahre	**7 (54%)**	**5 (55%)**	**11 (46%)**	**2 100%**
	40-49 Jahre	1 (8%)	3 (33%)	4 (17%)	-
	> 50 Jahre	-	-	-	-
Berufserfahrung	< 1 Jahr	1 (8%)	-	-	-
	1- unter 2 Jahren	-	2 (22%)	-	-
	2- unter 5 Jahren	1 (8%)	-	1(4%)	1 (50%)
	5- unter 10 Jahren	4 (31%)	2 (22%)	9 (37%)	1 (50%)
	> 10 Jahre	**6 (46%)**	**5 (55%)**	**14 (58%)**	-
Konfessionszugehörigkeit	ja	9 (69%)	6 (66%)	7 (29%)	-
	nein	2 (15%)	2 (22%)	**15 (62%)**	1 (50%)

| Geschlecht | männlich | 1 (8%) | 9 (99%) | 2 (8%) | 1 (50%) |
| | weiblich | 11 (85%) | - | 22 (91%) | 1 (50%) |

Tbl. 8: Nicht-Spender, Kliniken A und B
Klinik A n = 22, davon n Pflegep. = 13, n Ärzte = 9
Klinik B n = 26, davon n Pflegep. = 24, n Ärzte = 2

- Die Zusammenfassung der Zuordnung verschiedener sozialdemografischer Merkmale zeigt, dass die meisten Pflegenden und Ärzte, die eine eigene postmortale Organspende ablehnen, in der Altersgruppe zwischen 30 – 39 Jahre sind und eine hohe Berufserfahrung von > 10 Jahren haben. In diesen Angaben kann ein Zusammenhang zwischen der erfahrenen Berufspraxis und der Spendebereitschaft vermutet werden. Interviews, Angaben, wie oft diese Mitarbeiter tatsächlich selbst den Prozess der Versorgung und Betreuung von Hirntoten und Organspendern erfahren haben und die Darstellung der IST- Praxissituationen können den Zusammenhang weiter aufklären. Angaben der Art sind bei den Datenerhebungen erfragt worden, können jedoch aus Platzgründen nicht dargestellt werden. Aus diesen Ergebnissen lässt sich weiter ein Zusammenhang zu Gebieten der Sozialpsychologie, der Organisations- und Personalentwicklung ableiten. Auf Forschungsergebnisse dieser Fachrichtungen, die auf das Thema der Organ-Gewebespende und auf die Verbindung zu Stationsstrukturen im Intensivbereich umgesetzt worden sind, wird im Kap. 2.2.1 hingewiesen.
- Die Angaben der Nicht-Spender im Zusammenhang zu ihrer Konfessionszugehörigkeit deuten einen Anspruch an die beiden Hauptkonfessionen an. Stellungnahmen zum Thema der Organspende gibt es und der Institution Kirche kommt in Deutschland eine bestimmte bildungspolitische Funktion zu (siehe Kapitel 2.2.2).
- Dem Merkmal des Geschlechts kommt eine andere Bewertung zu. Dieses Merkmal soll als gegeben betrachtet werden. In Bezugnahme zur Spendebereitschaft des Fachpersonals soll der Zusammenhang zur Berufserfahrung und dem Altersspektrum der Nichtspender als bedeutender gelten als das Geschlecht, da das Geschlecht ein berufsgruppenspezifisches Merkmal ist.

4.4. Organspendeausweis

Nach der Entscheidung bzgl. der Bereitschaft zur postmortalen Organspende stellt sich anschließend die Frage, die für die Berufspraxis entscheidend ist: Ist diese Entscheidung dokumentiert worden?
Mit der Beantwortung dieser Frage soll gezeigt werden, ob das Fachpersonal aus Klinik A und Klinik B dem deutschen Trend unterliegt bzgl. der Dokumentation ihres Willens in einem Organspendeausweis.

Frage: Haben Sie Ihre Entscheidung in einem Organspendeausweis dokumentiert?

Teilnehmer Klinik A

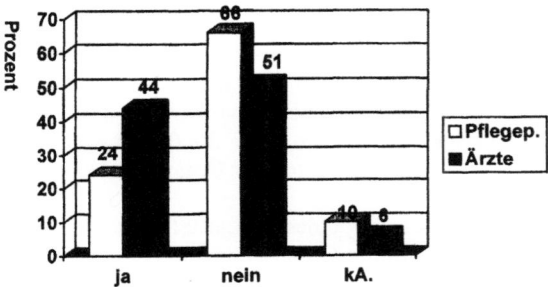

Abb. 9: Organspendeausweis, Klinik A
Anzahl der ausgew. Fragebögen 1998, n = 84, davon n Pflegepers. = 29, n Ärzte = 55

Teilnehmer Klinik B

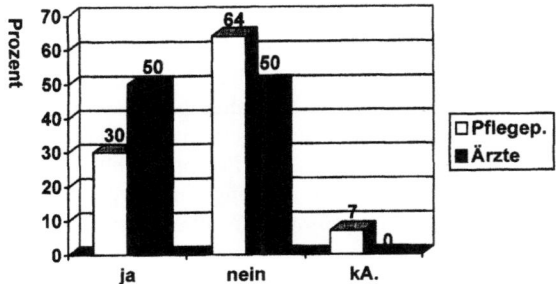

Abb. 10: Organspendeausweis, Klinik B
Anzahl der ausgew. Fragebögen 2000, n = 54, davon n Pflegepers. = 44, n Ärzte = 10

- Es wird davon ausgegangen, dass die Befragten, die ‚keine Angaben' gemacht haben, auch keinen Spendeausweis haben.
- In beiden Kliniken haben mehr Pflegende und Ärzte keinen Organspendeausweis. Pflegende und Ärzte unterscheiden sich nicht signifikant mit ihren Angaben (Klinik A p = 0,142, Klinik B p = 0,296).
- Der Vergleich der Berufsgruppen insgesamt ergibt keine signifikanten Unterschiede zwischen den Pflegenden und Ärzten beider Kliniken (Pflegende p = 0,787, Ärzte p > 0,99).

Der hohe Prozentsatz derjenigen, der die Entscheidung bzgl. der eigenen Spendebereitschaft nicht in einem Organspendeausweis dokumentiert hat, kann nicht erklärt werden. Deswegen kann nicht weiter darauf eingegangen werden. In Klinik A sind die meisten Pflegenden, die keinen Organspendeausweis haben, Pflegende mit einer hohen Berufserfahrung von mehr als 10 Jahren. Die meisten Ärzte, die keinen Organspendeausweis haben, haben Berufserfahrung von 5- unter 10 Jahren. In Klinik B haben die meisten Pflegenden und Ärzte, die keinen Organspendeausweis haben, Berufserfahrung von mehr als 10 Jahren.
Lt. Forsa-Umfragen sind 1999 11% der deutschen Bevölkerung (n = 1003) im Besitz eines Organspendeausweises gewesen, im Jahr 2000 sind es 14% (n = 1000) gewesen. In beiden Erhebungen ist der Anteil der Organspendeausweisbesitzer in den alten Bundesländern höher.
In einer Studie von Balck (2000) ist die Hypothese aufgestellt worden, dass die Art des Arzt-Patienten-Verhältnisses mit der Organspendemotivation in Verbindung gesetzt werden kann. Ergebnisse weisen „... darauf hin, dass die eher naturwissenschaftliche Haltung eher mit einer höheren Organspendemotivation und dem Besitz eines Organspendeausweises einhergeht. ....Vielleicht ist die größere Nähe zu den Patienten und damit auch eine stärkere emotionale Beteiligung für die Spendermotivation hinderlich". Eine Untersuchung von Amir und Haskell (1997) mit isrealischen Studenten ist u.a. zu der Aussage gekommen, dass das Fehlen eines Organspendeausweises nicht unbedingt einen Widerstand gegenüber einer Organspende reflektiert.
Als Alternative zum Organspendeausweis wird in einer Arbeit von Radecki und Jaccard (1999) ein „organ donation letter" vorgestellt. Wie von den Autoren vorausgesagt, ist die Bereitschaft, diesen Brief zu schreiben (auszufüllen), nur in einem „moderaten" Zusammenhang zum aktiven Verhalten gewesen. In Bezugnahme zu nationalen und internationalen Untersuchungen und bei Berücksichtigung der Tatsache, dass es Faktoren geben muss, die Personen abhalten einen Organspendeausweis auszufüllen wäre im Zusammenhang zum „organ donation letter" zu klären, wie argumentiert werden müsste, um einen 2-seitigen Brief auszufüllen und abzuschicken.

5. Überprüfung der Hypothesen

Im Zusammenhang und zusätzlich zu den Hypothesen ist untersucht worden, von welchen Faktoren eine Nichtspendebereitschaft in Klinik A und Klinik B abhängen kann. Die Modelle sind unter Beachtung verschiedener Merkmale mit dem statistischen Auswertungsverfahren der logistischen Regression berechnet worden:
1. einfaktorielle Berechnung eines evtl. Risikofaktors für **keine** Spendebereitschaft und
2. mehrfaktorielle Berechnung unter Beachtung verschiedener Merkmale

Die Modellberechnungen sind zu Faktoren aufgestellt worden, bei denen angenommen wird, dass sie einen Einfluss auf die primäre Zielgröße der Spendebereitschaft ausüben und für die Berufspraxis relevant sind.

Die Zielgröße der Spendebereitschaft ist für die Modellberechnungen in eine dichotome Zielgröße umcodiert worden:

Spendebereitschaft **ja** = Multiorganspende + Spende bezogen auf einzelne Organe

Spendebereitschaft **nicht ja** = nein + weiß nicht

Bei dieser Umcodierung wird angenommen, dass die Befragten, die die Antwortoption „weiß nicht" gewählt haben, eher eine eigene postmortale Organ- und Gewebespende ablehnen würden. Alle Modelle sind zusätzlich ohne die Angaben der Antwortoption „weiß nicht" berechnet worden. Auf die Angabe dieser Modelle wird verzichtet, weil keine anderen Risikofaktoren eruiert werden konnten.

Manche Modellberechnungen sind nach Kliniken und/oder Berufsgruppen stratifiziert worden, um einen Kliniks- oder Berufsgruppenunterschied erkennen zu können.

Bei der Ableitung von Handlungskonzepten für die jeweilige Klinik und/oder Berufsgruppe müssen deskriptive und analytische Auswertung im Zusammenhang diskutiert werden.

5.1. Zusammenfassungen (Kurzdarstellungen) der Hypothesen 1 – 5

Die im Prozessmodell der Mikroebene (s. 2.1.3) dargestellten Einflussfaktoren, die den verschiedenen Hypothesen zugeordnet worden sind, sind alle erhoben und ausgewertet worden. Ergebnisse zu den Hypothesen 1- 5 konnten aus Übersichtsgründen im Originaltext nur zusammenfassend beschrieben werden.

5.1.1 Hypothese 1

Medizinisches Fachpersonal, Pflegepersonal wie Ärzteschaft im Intensivbereich, hält den Hirntod als nicht ausreichend zur Feststellung des Todes.

Die Begründung für die Formulierung dieser Hypothese ist einerseits darin zu sehen, dass ein Teil der Bevölkerung einer Organspende negativ gegenübersteht in der Annahme, bei der Organentnahme „nicht richtig tot zu sein". Andererseits sind Pflegende und Ärzte im Intensivbereich der Teil der Bevölkerung, der direkt mit dem Hirntod im Berufsalltag konfrontiert wird. Es sind die Berufsgruppen, die nicht nur über den Hirntod sprechen, sondern ihn mit all seinen Ausmaßen bei anderen erleben und damit umzugehen haben. Sie erfahren den Prozess des Eintretens des Hirntodes, der Diagnostik und der jeweiligen Folgen. Die Akzeptanz des Hirntodes als Tod des Menschen, die Entscheidung eines jeden Einzelnen, zählt zu den internen Einstellungsfaktoren. Zu dieser Hypothese ist ausgewertet worden, ob Faktoren, die als Grundvoraussetzung zur Spendebereitschaft bei Fachpersonal gesehen werden können, gegeben sind, d.h.:
- ob die Hirntodkriterien bekannt sind,
- ob sie als ausreichend zur Todesfeststellung gehalten werden,
- warum der Hirntod nicht als Tod des Menschen gesehen wird, sofern die Hirntodkriterien nicht als ausreichend zur Todesfeststellung gehalten werden und
- ob § 5 des Transplantationsgesetzes vom medizinischen Fachpersonal akzeptiert wird (Feststellung und Dokumentation des Hirntodes)

Zusätzlich sind zwei Modelle berechnet worden, mit denen geprüft wird, ob der Kenntnisstand mancher Hirntodkriterien und die Nicht-Akzeptanz des Hirntodes als Tod des Menschen ein erhöhtes Risiko für Fachpersonal darstellen, keine Organe spenden zu wollen.

Die Auswertungen zu dieser Hypothese hat folgende Ergebnisse gezeigt:
1. Dem überwiegenden Teil des Fachpersonals beider Kliniken sind alle Hirntodkriterien bekannt. Ein geringerer Prozentsatz hat angegeben, manche Hirntodkriterien zu kennen.
2. Die meisten Pflegenden und Ärzte beider Kliniken halten die Feststellung des Hirntodes als ausreichend zur Todesfeststellung, was zur Falsifikation der Hypothese führt.
3. Ablehnungsgründe, die zur Nicht-Akzeptanz des Hirntodes als Tod des Menschen führen, sind vorwiegend durch ethische Gründe bedingt.
4. Die Festlegungen im § 5 des Transplantationsgesetzes zur Feststellung und Dokumentation des Hirntodes werden vom überwiegenden Teil des Fachpersonals akzeptiert.
5. Wenn Fachpersonal nur manche Hirntodkriterien bekannt sind und nicht alle, ist für Klinik B (Uniklinik) unter Beachtung des Merkmals der Berufserfahrung eine 3,35 fache, signifikante Risikoerhöhung nachweisbar ($p = 0,04$), keine Organe spenden zu wollen.

Hypothese 1 kann durch vorliegende Ergebnisse falsifiziert werden. Daraus wird geschlussfolgert, dass in beiden Kliniken die Ablehnung zur postmortalen Organspende des Fachpersonals weniger auf den Kenntnisstand der Hirntodkriterien und deren Akzeptanz zurückzuführen ist.

Im Zusammenhang zu den Hirntodkriterien soll ein Terminus erwähnt werden, der oft benutzt wird und immer wieder zu Verwirrungen führt. In einer neueren Fachliteratur für Pflegepersonal ist geschrieben: „... Sie sehen einen gut durchbluteten, atmenden, also lebendig wirkenden Toten. ..." (Schröder, 2000). Eine Formulierung, die durch „...beatmeten, ..." ausgetauscht werden muss. Signifikante Unterschiede zwischen Ländern, Krankenhäusern und Mitarbeitern von Intensivstationen im Zusammenhang mit dem Aspekt der Hirntodkriterien sind im Rahmen von internationalen Erhebungen des Donor Action Programms beschrieben (Cohen, Wight, 1999). In beiden Kliniken A und B halten bis auf wenige Ausnahmen die Befragten des Fachpersonals die Hirntodkriterien für ausreichend zur Todesfeststellung. Im Hinblick interdisziplinärer Dialoge soll folgender Aspekt erwähnt werden: „Dem Hirntod kommt derzeit (noch?) nicht die bisherige kulturell akzeptierte Qualität eines Leichnams zu. Auch wer den Hirntod des Menschen akzeptiert, kann emotional Schwierigkeiten haben, einen beatmeten, hirntoten Menschen als Toten zu akzeptieren. ‚Intuitiv' können Unsicherheiten auftreten." (Schmidt, 2000). Auch bei Kütz und Wehkamp (1995) ist die Formulierung „kulturell akzeptierte Qualität eines Leichnams" zu finden: „Diese kulturelle Verwurzelung geht so weit, dass in unserem Kulturkreis selbst die stoffliche Konsistenz des Leichnams für den Trauerprozess nachgeordnet ist, kann sie doch sowohl die Form des natürlichen biologischen Zerfalls als auch die von Asche annehmen. Dagegen erscheint eine emotionale Bewältigung des Todes bei einem Hirntoten, der noch intensivmedizinischen Tätigkeiten unterworfen ist nicht vorstellbar. Insofern darf bezweifelt werden, ob dem Hirntoten schon die kulturell akzeptierte Qualität eines Leichnams zukommt, ob er schon kulturell gesehen tot ist?". Ein Aspekt, zu dem Fachpersonal Unterstützung in der Berufspraxis gegeben werden sollte, sofern nötig und gewünscht.

5.1.2 Hypothese 2

Die Konfessionszugehörigkeit steht mit der Bereitschaft der Pflegenden und Ärzte, eigene Organe postmortal zu spenden oder fremde Organe im eigenen Krankheitsfall anzunehmen in der Weise in einem Zusammenhang, dass sie sich als Hinderungsgrund darstellt.

Die Hypothese ist im Zusammenhang mit der Religionsstruktur der deutschen Bevölkerung, der Aufgabe der Institution Kirche in Deutschland und dem Entgegenwirken des Organmangels als gesamtgesellschaftliche Aufgabe zu sehen. Eine Konfessionszugehörigkeit als Ursache zur Organspende kann analog einiger internationaler Untersuchungen vermutet, aber nicht bewiesen werden.

In der Verbindung der Spendebereitschaft zur Konfessionszugehörigkeit ist die Konfessionszugehörigkeit als ein individueller Einstellungsfaktor zu sehen. In diesen Untersuchungen soll ein Überblick geschaffen werden, wie sich die Konfessionszugehörigkeit zur Spendebereitschaft darstellt. Unbekannt ist dabei, ob die Stellungnahmen der beiden Hauptkirchen Deutschlands zur Thematik der Organspende bekannt sind. Unbekannt ist auch, ob sie akzeptiert werden, d.h. ob sie mit der eigenen Einstellung im Einklang stehen bzw. die eigene Einstellung beeinflussen im Sinne einer Unterstützung.

In diesem Abschnitt wird geprüft, ob sich die Konfessionszugehörigkeit als Hinderungsgrund darstellt bei
- der Spendebereitschaft bezogen auf die Bereitschaft zur Multiorganspende der Befragten,
- der Spendebereitschaft bezogen auf einzelne Organe,
- der Transplantationsbereitschaft der Befragten im Falle der eigenen Erkrankung,
- der Einwilligung zur Organspende von verstorbenen Angehörigen (Partner, Eltern, Geschwister, Kinder) sofern kein Organspendeausweis vorhanden ist und
- den Ablehnungsgründen zur eigenen Organspendebereitschaft.

Mit der zu dieser Hypothese erstellten Modellberechnung wird geprüft, ob sich die Konfessionszugehörigkeit als Risikofaktor zur Ablehnung einer Spendebereitschaft darstellt.

Die ausgewerteten Ergebnisse zeigen:
1. Die Konfessionszugehörigkeit der Pflegenden und Ärzte beider Kliniken stellt sich nicht als Hinderungsgrund zur eigenen postmortalen Organspende dar.
2. Die Konfessionszugehörigkeit des Fachpersonals beider Kliniken stellt sich nicht als Hinderungsgrund dar zur Spendebereitschaft bezogen auf einzelne Organe.
3. Die Konfessionszugehörigkeit scheint ebenfalls kein Hinderungsgrund zu sein zur Annahme von Organen in Falle der eigenen Erkrankung. Speziell diese drei Ergebnisse führen zur Falsifikation dieser zweiten Hypothese.
4. Mehr Pflegende und Ärzte beider Kliniken würden der Organspende verstorbener Angehörigen zustimmen als ablehnen. Die Konfessionszugehörigkeit kann nicht in Verbindung gebracht werden mit einer Ablehnung zur Organspende von verstorbenen Angehörigen.
5. In beiden Kliniken sind religiöse Gründe nicht vorwiegend als Ablehnungsgründe zur eigenen postmortalen Organspende angegeben worden.
6. Bei den Modellberechnungen hat sich die Konfessionszugehörigkeit nicht deutlich genug, d.h. nicht statistsch signifikant, als Risikofaktor dargestellt, der zur Ablehnung einer Organspende beim Fachpersonal führt. Die sich ergebenden Effekte können Zufall sein. Grössere Fallzahlen könnten diese Effekte bestätigen oder nicht. Dennoch weisen die Risikofaktoren darauf hin, dass die Themen der Organspende und der Konfession im interdisziplinären

Dialog und unter Beachtung der regionalen Einflüsse besprochen werden sollten: Für Klinik B (Uniklinik) ist eine 4,8 fache Risikoerhöhung ($p = 0,06$) nachweisbar, bei Konfessionszugehörigkeit keine Organe spenden zu wollen unter Beachtung der Merkmale des Informationsstandes und des Informationswunsches nach ethischen Aspekten. Die weitere Stratifizierung nach Kliniken und Berufsgruppen bestätigt die Risikoerhöhung auf das 3,5 fache ($p = 0,07$) bei den Pflegenden, wonach der Klinikseffekt auf die Meinerungsäusserung der Pflegenden zurückzuführen ist. Die Hinzunahme des Merkmals des Informationsstandes erhöht das Risiko nachweisbar auf das 4,00 fache ($p = 0,05$). Die Hinzunahme beider Merkmale in die Modellberechnung, des Informationsstandes und des Informationswunsches nach ethischen Aspekten, führt zur 4,8 fachen ($p = 0,06$) Risikoerhöhung bei den Pflegenden, keine Organe spenden zu wollen.

In Klinik A (Fachklinik) und bei den Ärzten in Klinik B ist keine Risikoerhöhung gesichert bzw. nachweisbar.

Zusammenfassend ergibt sich, dass die zweite Hypothese durch vorliegende Ergebnisse falsifiziert werden kann. Die Effekte der Modellberechnungen weisen darauf hin an, dass sich für die Pflegenden in Klinik B die Konfessionszugehörigkeit als Risikofaktor darstellt, keine Organe spenden zu wollen, was aber statistisch nicht gesichert ist.

Zu dem Punkt der Entscheidung zur Organspende im Falle eines verstorbenen Kindes soll noch ein Aspekt erwähnt werden. In einer Arbeit von Smith und Braslow (1997), in der sie auf einen anderen Autor verweisen, heißt es „... The authors write that apparently parents assume that they will be asked in appropriate donor situations. This implies that when they are not asked, which is often the case, they will not offer to donate because they do not think it is feasible." Ein praxisrelevanter Ansatz, der gerade mit Fachpersonal von Intensivstationen diskutiert und besprochen werden sollte. Der Einfluss der Konfession auf Angehörige von Spendern im Sinne der Zufriedenheit über eine Einwilligung zur Organspende wird als ein Ergebnis einer Angehörigenstudie beschrieben „... whenever moral or religous beliefs did not prohibit organ donation..." (Burroughs et al., 1998). Dieses ‚Nicht-Verbieten' einer Organspende entspricht auch den in Deutschland verbreiteten römisch-katholischen und evangelischen Konfessionen.

5.1.3 Hypothese 3

Pflegende und Ärzte, die sich nicht ausreichend über das Thema Organspende / Transplantation informiert fühlen, lehnen die Organspende viel häufiger ab als ihre Kollegen, die sich informiert fühlen.

Vermutet werden kann, dass sich gerade die Zielgruppen dieser Untersuchungen ausreichend genug informiert fühlen und daher einer Organspende eher zustimmen würden als ihre uninformierten Kollegen/innen. Eine fast triviale Aussage,

deren Überprüfung Einblicke in Begründungen für das Spendeverhalten von Fachpersonal geben soll. Selbstkritisch angemerkt werden soll zu hierzu, dass die Einschätzung bzgl. eines ausreichenden Informationsstandes sehr subjektiv und vieldeutig interpretierbar ist.
Es obliegt jedem Mitarbeiter selbst zu entscheiden, was für ihn ein ausreichender Informationsstand bedeutet und beinhaltet.
Der Informationsstand des Fachpersonals kann ebenfalls als Einstellungsfaktor gewertet werden.
Zu dieser Hypothese ist ausgewertet worden,
- ob sich Pflegende und Ärzte ausreichend über die Thematik Organspende / Transplantation informiert fühlen,
- wie dieser Aspekt im Zusammenhang mit der Spendebereitschaft steht,
- zu welchen Bereichen von Pflegenden und Ärzten der Wunsch nach Informationen geäußert wird,
- welche Informationsmedien die Studienteilnehmer für allgemeine Informationen nutzen und
- über welche Informationsmedien und Einrichtungen sich die Pflegenden und Ärzte speziell zur Thematik Organspende / Transplantation informieren.

Die Modellberechnung zu dieser Hypothese prüft, ob ein nicht ausreichender Informationsstand ein Risiko für Fachpersonal darstellt, keine Organe spenden zu wollen.
Die Auswertungen der Antworten führen zu folgenden Aussagen:
1. Der überwiegende Teil des Fachpersonals beider Studiengruppen fühlt sich zur Thematik Organspende / Transplantation nicht ausreichend genug informiert und wäre
2. trotzdem zur postmortalen Organspende bereit. Mit diesen beiden Ergebnissen kann die formulierte Hypothese falsifiziert werden. Es kann daraus kann abgeleitet werden, dass es zweifelhaft bleibt, ob Informationen die Spendebereitschaft entscheidend fördern. Arten der Informationen müssten differenzierter erfasst werden.
3. Informationswünsche des Fachpersonals fallen überwiegend in den ethischen, rechtlichen und kommunikativen Bereich. Kommunikationshilfen zum Umgang mit den Angehörigen werden noch mehr von den Pflegenden angegeben.
4. Pflegende und Ärzte nutzen in ähnlicher Weise Informationsmedien und Einrichtungen, um sich allgemein und speziell zur Thematik Organspende / Transplantation zu informieren.
5. Mittels der Modellberechnungen ist für beide Kliniken und Berufsgruppen keine statistisch signifikante Risikoerhöhung gesichert, keine Organe spenden zu wollen, wenn sich das Fachpersonal nicht ausreichend genug informiert fühlt. Ein Ergebnis, dass in einen direkten Zusammenhang zu den deskriptiven Auswertungen gebracht werden kann.

Hypothese 3 wird durch die Ergebnisse beider empirischer Erhebungen falsifiziert.

Die Ergebnisse zu den Informationswünschen scheinen einerseits plausibel zu sein, auf der anderen Seite scheinen sie die Organspendesituation in Deutschland ansatzweise mit zu begründen. Verwunderlich ist es nicht, dass wenig Wünsche zum medizinischen Bereich angegeben worden sind: Diese Informationen können beide Berufsgruppen im täglichen Berufsalltag bekommen. Der häufig geäußerte Wunsch nach Kommunikationshilfen zum Umgang mit den Angehörigen kann ebenfalls aus dem Berufsalltag heraus erklärt werden. Gerade Pflegepersonal hat auf Grund der Organisations- und Personalstruktur einer Intensivstation einen zeitlich längeren und somit intensiveren Kontakt mit den Angehörigen. Überraschend ist die Tatsache, dass ein relativ hoher Prozentsatz beider Berufsgruppen und beider Kliniken den Wunsch nach Informationen zum Transplantationsgesetz geäußert hat, obwohl dieses Gesetz seit 1997 umgesetzt werden sollte. Wie kann etwas umgesetzt werden, was nicht hinreichend genug bekannt ist? Gesetzliche Grundlagen gelten im nationalen wie internationalen Raum als unabdingbare Voraussetzung einer Organ- und Gewebespende (Dickens et.al., 1997) und sollten daher dem Fachpersonal näher gebracht werden.

Informationswünsche zum ethischen Bereich – ein breites und wichtiges Feld zur Thematik Organspende / Transplantation. In Bezugnahme zu den Mitarbeitern aus Klinik B (Kinderintensivstation) könnten speziell zwei Bereiche bedeutsam sein: Kinder als Organspender / Organempfänger und Anencephale als Organspender? – ein international kontrovers diskutiertes Thema (Oduncu, 1998, Pence, 1995). Ethische Probleme im Zusammenhang mit einer beabsichtigten Organspende werden auch in Untersuchungen von Strenge angegeben (in Bunzel, Smeritschnig, 1999). Die Bedeutung der ethischen Aspekte bzgl. Organspende/Transplantation hat die Ethik-Kommission der Transplantation Society 1985 veranlasst, ihre Richtlinien zu publizieren (Calne, 1996).

In den Antworten des Fachpersonals zu den Informationsmedien zu allgemeinen und speziellen Informationen zum Thema Organspende/Transplantation ist zu erkennen, dass sich Ärzte und Pflegende beider Einrichtungen in ähnlicher Weise informieren, überwiegend über Fachzeitschriften. Gespräche mit Kollegen und die Informationsaufnahme über Fort- und Weiterbildungen sind ebenfalls häufig als Informationsmedium genannt worden. Bei Berücksichtigung dieser Angaben könnten diese Medien gezielt dazu beitragen, schwerpunktmäßig auf die Thematik einzugehen. Auffällig ist, dass sich in beiden Bundesländern die befragten Teilnehmer nicht über Krankenkassen und Gesundheitsämter informieren und dass nur ein geringer Prozentsatz der Teilnehmer über Ausbildungseinrichtungen informiert worden ist. Ergänzt werden muss an dieser Stelle, dass unbekannt ist, ob Krankenkassen und Gesundheitsämter der gewählten Untersuchungsgebiete Informationen zur Thematik anbieten. Ein Aspekt, der für die Zukunft Bedeutung haben sollte und einen Ansatz zur Behebung des Organ- und Gewebemangels darstellt.

Gesundheitsausbildung oder Gesundheitsbildung (= Health education) ist gegenwärtig nicht nur ein national, sondern ein international diskutiertes Thema. „... What emerges from the debate is the premise that health education practice is not simply a matter of skill aquisition, but is also concerned with ideologies and values ..." (Caraher, 1995). Eine Aussage, die auf die Thematik Organ- und Gewebespende und /Transplantation umsetzbar ist. Die von dem Autor beschriebene Feststellung „Practitioniers who can recognise the location of power in health education activities are needed." (ebenda) kann für das deutsche Gesundheitssystem ‚umgedacht' werden, was wohl im Verantwortungsbereich des Gesetzgebers liegt. Als Voraussetzung hierfür müsste eine für deutsche Verhältnisse erstellte Definition des Terminus ‚practionier' formuliert werden. Hinweise auf den Punkt der Information von medizinischem Personal sind auch bei anderen Autoren zu finden unter dem Aspekt der „Mediatorenfunktion der zukunftigen Ärzte" und im Zusammenhang mit der Spendebereitschaft (Laederach-Hofmann, Gerster, 1998). Weiterhin kann im Zusammenhang zum Einflussfaktor des Informationsstandes folgendes Studienergebnis gesehen werden: In einer Untersuchung von Balck (2000) werden Aspekte der Spendermotivation angeführt, die von einer Arbeitsgruppe um Simmons (Switzer et.al., 1997) aufgestellt wurden: 1. positiv-ethische Werte für persönliches Handeln: Nächstenliebe und Hilfsbereitschaft = Motive, die Helfen idealisieren, 2. Gefühle des Stolzes und der Genugtuung nach der Entscheidung, 3. altruistische Grundeinstellung, 4. Unsterblichkeitsfantasien nach Nierenspenden, 5. Erfahrungen im privaten oder beruflichen Umfeld mit Bekannten oder Freunden, die selber eine Niere gespendet haben. Aspekte, für die ein allgemein ausreichender Informationsstand zum Gesamtkontext Organ-Gewebespende / Transplantation als Voraussetzung gesehen werden kann.
Eine weitere Untersuchung zeigt, dass gezielte Ausbildungsinhalte einen Einfluss auf das Wissen um Organspende / Transplantation, den Willen, Organe zu spenden und auf „Tx-spezific fears" haben (Meier et al.,1999).
Die groß angelegte Untersuchung von Groß et al. (2001) mit 7272 Teilnehmern hat zu konkreten Ergebnissen geführt, die für Deutschland evtl. vermutet und daher als richtungsweisend für Ausbildungsinstitute gesehen werden können. Sozioökonomische Faktoren, wie z. Bsp. der Beruf oder der Bildungsstatus des Vaters der Befragten, sind nicht als Haupteinflüsse zur Organspendebereitschaft fokussiert worden. Als Ergebnisse werden beschrieben „ ... that better information, experiences with transplantation and reflections about life and dying have a significant impact on the decision-making of young adults." Keine unlösbaren Probleme, sofern Staat und auch die Kirche dem „call for better information", wie es im Titel der Arbeit heißt, nachkommen und ihm gerecht werden. Mangelnde Informationen als möglicher Grund des Organspendemangels in der Schweiz werden von Candinas (1997) formuliert, der ebenfalls in diesem Zusammenhang auf den Verantwortungsbereich der Gesellschaft aufmerksam gemacht hat „... hat sich die Gesellschaft auch mit der Problematik der Organspen-

de auseinander zu setzen und darf die Entwicklung auf diesem Gebiet nicht dem Zufall oder irgendwelchen Modeströmungen überlassen."
Anlehnend an den Aspekt der Multiplikatorfunktion von medizinischem Fachpersonal und dem interdisziplinären Dialog in der Berufspraxis sei auf folgenden Punkt aufmerksam gemacht: Bei Bunzel und Smeritschnig (1999) heißt es „... Von besonderem Interesse ist jedoch die Einstellung jener Bevölkerungsgruppe, die die Organtransplantation praktisch und wissenschaftlich in die Bevölkerungsschichten trägt: die Ärzte, Pflegepersonen und MedizinstudentenInnen...".
Im Rahmen der seit einigen Jahren in Deutschland etablierten Pflege- und Public Health-Studiengängen an Fachhochschulen und Universitäten sollte gegenwärtig dieser Satz erweitert werden mit den StudentenInnen, da Absolventen dieser Studiengänge gleichermaßen eine Multiplikatorfunktion zur Thematik Organspende / Transplantation zukommt. Speziell statistische Angaben aus Spanien, dem Land mit der höchsten Organspenderate in Europa, zeigen, dass beide Berufsgruppen, also Ärzte und Pflegepersonal, dem Profil eines Transplantations-Koordinators entsprechen und in ‚Co-ordinating teams' zusammenarbeiten (Matesanz, Miranda, 1997). Auch in weiteren internationalen Arbeiten wird der positive Einfluss der ‚nursing professions' beschrieben (Kent, Owens, 1995). Bei Blok et al. (1999) ist nachzulesen, dass „Educating doctors and nurses about the criteria for organ und tissue donation, and underlining their role in making the request, has led to measurable increases in donation."
Zusammenfassend zum Aspekt des Informationsstandes muss gesagt werden, dass es nicht nur für eine Einrichtung, sondern auch im Hinblick auf das Personal selbst, auf die Angehörigen und die schwerkranken Patienten der Warteliste in vielerlei Hinsicht positiv ist, mit ausreichend genug informiertem Personal zu arbeiten. Im Zusammenhang mit einem Qualitätsmanagement stellt ausreichend genug bzw. gut informiertes Personal auf jeden Fall ein besseres personelles Prozessinput dar, was als Voraussetzung eines effizienteren Prozessoutputs gilt. Des Weiteren ist ausreichend genug informiertes Personal ein entscheidender Faktor, der die Qualitätsfähigkeit einer Einrichtung mit bestimmt.

5.1.4 Hypothese 4
Je häufiger der Umgang mit den Angehörigen als Belastung empfunden wird, umso geringer ist die Spendebereitschaft.
Mit dieser Aussage wird der wahrgenommene Umgang mit anderen auf die eigenen Angehörigen der Pflegenden und Ärzte reflektiert. Mit der Beantwortung und Auswertung der zu dieser Hypothese zugehörigen Fragen wird gezeigt, welche Bereiche für medizinisches Fachpersonal im Prozess der Versorgung und Betreuung eines Hirntoten oder Organspenders belastend sind. Der subjektiv empfundene Belastungsgrad von Pflegenden und Ärzten kann den Einstellungsfaktoren zugeordnet werden.

Es ist erfragt und ausgewertet worden,
- ob die Versorgung und Betreuung eines Hirntoten oder Organspenders eine Belastung für Pflegende und Ärzte darstellt,
- ob bei beiden Berufsgruppen die Belastung eher im Umgang mit den Angehörigen liegt als in der medizinischen und pflegerischen Arbeit,
- in welchem Zusammenhang die Belastungserfahrung mit der Bereitschaft zur eigenen Organspende steht,
- ob mit zunehmender Berufserfahrung der Umgang, die Kommunikation mit den Angehörigen einfacher wird,
- ob die Belastung mit zunehmender Berufserfahrung abnimmt und
- welche Art der Belastung abnimmt.

Unterstützend und ergänzend zu diesen Ergebnissen sind noch zwei weitere Aspekte ausgewertet worden:
- die spontane Einschätzung der Thematik Organspende / Transplantation durch das Fachpersonal und
- die Bereiche *Bereicherung der Ärzte* und *Organhandel* in Bezugnahme zur Spendebereitschaft.

Die zwei zu dieser Hypothese erstellten Modellberechnungen prüfen, ob sich die Faktoren 1. der Belastung und 2. der nicht abnehmenden Belastung mit zunehmender Berufserfahrung als Risikofaktoren für Fachpersonal darstellen, selbst keine Organe spenden zu wollen.

Als Kurzzusammenfassung können folgende Ergebnisse formuliert werden:
1. Für Pflegende und Ärzte bedeutet die Betreuung und Versorgung von Hirntoten und Organspendern eher „immer" und „meistens" eine Belastung durch ihren Berufsalltag. Dabei noch mehr für Pflegende als für Ärzte.
2. Die Belastung stellt für beide Berufsgruppen der Umgang mit den Angehörigen dar (Anm.: Diese Aussage ist bei den Ärzten aus Klinik B (Uniklinik) nicht in derselben Deutlichkeit erkennbar wie in Klinik A (Fachklinik). Selbst wenn sie vernachlässigt wird, trifft diese Aussage für die anderen Studienteilnehmer zu.)
3. Trotz steigendem wahrgenommenem Belastungsgrad ist das Fachpersonal beider Kliniken zur eigenen postmortalen Organspende bereit.
Durch dieses Ergebnis kann die vierte Hypothese falsifiziert werden.
4. Die Kommunikation mit den Angehörigen wird mit zunehmender Berufserfahrung für beide Berufsgruppen, dabei noch eher für das Pflegepersonal, nicht einfacher.
5. Mit zunehmender Berufserfahrung nimmt die Belastung für Pflegende und Ärzte nicht ab.
6. Der Umgang mit den Angehörigen wird für beide Berufsgruppen mit zunehmender Berufserfahrung nicht einfacher.
7. Spontane Gedanken an die Thematik Organspende / Transplantation assoziieren Pflegende und Ärzte nicht vordergründig mit dem Bereich der *Arbeitsbelastung*.

8. Assoziationen an die Bereiche *Bereicherung der Ärzte* und *Organhandel* können nicht als Hinderungsgrund zur Spendebereitschaft gesehen werden.
9. Die beiden geprüften Faktoren der Belastung und der nicht abnehmenden Belastung mit zunehmender Berufserfahrung stellen sich nicht als signifikante Risikofaktoren dar, die zur Ablehnung der postmortalen Organspende bei Fachpersonal führen würden. Dieses Ergebnis kann als übereinstimmend mit den Ergebnissen der deskriptiven Auswertung gesehen werden.
Hypothese 4 wird mit vorliegenden Auswertungen falsifiziert.
Im Zusammenhang zum Einflussfaktor der Belastung für Ärzte und Pflegende ist eine Studie von Muthny und Schweidtmann (2000) recherchiert worden, in der Aussagen zum Faktor der Belastung gemacht werden. „... Und nicht zuletzt fühlen sich die Mitarbeiter von Intensivstationen nicht selten überfordert und erleben den Umgang mit den Angehörigen als einen besonders schwierigen Teil ihrer Arbeit." (Muthny, 1995 in Muthny und Schweidtmann, 2000). Etwas weniger gebräuchlich wirkt eine Aussage in der Arbeit, in der beschrieben wird: „Aber immerhin 60% finden es belastend, einen hirntoten Patienten zu pflegen." Weniger gebräuchlich deshalb, da 1. die Studie ausschließlich mit Ärzten durchgeführt worden ist und 2. der Terminus ‚pflegen' nicht so oft von Ärzten für ihren Aufgabenbereichen benutzt wird. In einem weiteren Punkt dieser Studie wird eine Aussage gemacht zu dem Punkt, wer sich um die Angehörigen kümmern sollte. Pflegekräfte belegen bei den Antworten der Ärzte nach Seelsorgern, Psychologen/Psychotherapeuten und Ärzten den letzten Platz. Im Hinblick auf den Zeitaufwand, den die Mitarbeiter der hier erwähnten Berufsgruppen ‚am Bett' eines Patienten mit seinen Angehörigen verbringen, ein überraschendes Ergebnis.
Ein Zusammenhang zwischen dem Umgang und der Kommunikation mit den Angehörigen und der Zustimmung bzw. Ablehnung einer Organspende bei verstorbenen Angehörigen lässt sich durch statistische Angaben vermuten: Als Hauptablehnungsgrund der Nicht - Realisierung einer Organspende in Deutschland in den Jahren 1998-2001 werden mit steigender Tendenz Ablehnungsgründe der Angehörigen angegeben (Quelle: DSO Jahresberichte). Von 39,2% der Ablehnungen durch Angehörige im Jahre 2001 beruhen 0,5% auf dem schriftlichen, 17,8% auf dem mündlichen und 69% auf dem vermuteten Willen des Verstorbenen, 12,7% der Angehörigen haben nach eigenem Willen entschieden. Belegbar wäre dieser Zusammenhang durch Angehörigenarbeit und Angehörigenstudien.
Internationale Erhebungen zwischen 1994-1996 im Rahmen von Pilot-Evaluationen des Donor Action Programms geben an, dass Hauptprobleme der Spenderidentifikation und/oder des Managements ebenfalls durch Ablehnungen von Angehörigen bzw. der Staatsanwaltschaft bei gewaltsamen oder unnatürlichen Todesursachen liegen (Cohen, Wight, 1999). Weiterhin konnten sinkende Ablehnungsraten durch Angehörige durch die Einführung des Donor Action Programms nachgewiesen werden (Alonso et al., 1999).

Die Angehörigen der Organ- Gewebespender gelten als der zentrale Belastungsfaktor für Pflegende und Ärzte. Als erschwerend für die Bewältigung bzw. den Umgang mit diesem Belastungsfaktor kommt dazu, dass Pflegende wie Ärzte durch Ausbildung und Studium nur unzureichend für ihre Berufspraxis vorbereitet werden und parallel dazu Trauerreaktionen der Angehörigen vielfältig ausgeprägt sind (Muthny et.al., 1997).

5.1.5 Hypothese 5
Die Entscheidungsbereitschaft des medizinischen Fachpersonals für oder gegen eine Organspende wird von Situationen beeinflusst, die Pflegende und Ärzte in ihren Arbeitsbereichen, bei der Versorgung und Betreuung von Organspendern und deren Angehörigen, wahrnehmen.

Die Formulierung dieser Hypothese liegt in der besonderen Sensibilität des Themas der Organspende begründet. Einerseits sind Praxissituationen, die Pflegende und Ärzte erleben, beeinflussbar. Andererseits beeinflussen Praxissituationen Pflegende und Ärzte. Es gibt Situationen oder Themen im Leben, zu denen ein klarer Standpunkt bezogen wird. Im Gegensatz dazu gibt es Situationen, bei denen die Entscheidung eher vermieden oder auf andere Personen übertragen wird. In Bezugnahme zu dieser Hypothese werden Ergebnisse vorgestellt, die den Aspekt der Entscheidungsbereitschaft bzgl. der eigenen Spendebereitschaft betreffen. Die gewählten Aspekte beleuchten Praxissituationen im Hinblick auf die Situationsabhängigkeit der Entscheidung.

Im Zusammenhang zu den Angehörigen der Organspender sind einige internationale Angehörigenstudien recherchiert worden, die in dieser Arbeit nur punktuell andiskutiert werden können um herauszufinden, ob die Gedanken des Fachpersonals mit den tatsächlich empfundenen Aspekten von Angehörigen gleichartig gelagert sind.

In einer Erhebung ist bzgl. der Erklärung des Hirntodes festgestellt worden (= Informiertheit der Angehörigen), dass es eine starke Beziehung zwischen dem Level der Zufriedenheit „... with the amount of information given inizially and that given at the time of brain death. ..." (Pearson et al. 1995) gibt. Eine weitere Aussage in dem Zusammenhang, die zum Nachdenken anregt, ist: „... The most common comment was that the tests were not explained, or that they were only told that „the tests were done" ..." (ebenda).

In einer Untersuchung von Douglass und Daly (1995), in der eine Organspende als ein „... positive outcome from what is otherwise a tragedy, ..." von den Angehörigen eingeschätzt wird, wird auf einen Punkt aufmerksam gemacht, der auf Intensivstationen in Deutschland beachtet werden sollte: Der Punkt der flexiblen Besuchszeiten: „... to spend the final hours without feeling pressured ...". Dazu soll erwähnt werden, dass es in den Kliniken A und B flexible Besuchszeiten nach Absprache mit dem Personal gibt, damit die Angehörigen die Zeit bekommen, die sie zum Abschiednehmen brauchen.

In einer Angehörigenstudie, der als theoretisches Rahmenwerk die Stress- und Bewältigungstheorie von Lazarus & Folkmann zu Grunde gelegt worden ist, wird ein Aspekt von Angehörigen angegeben, der vage in Verbindung mit deutschen Verhältnissen gebracht werden kann: „...The most frequently reported stressful situations centred around the threat of losing a loved one, confirmation of brain death, failure of the health professionals to identify the loved one as a potenzial donor and the approach the family regarding organ donation, ..." (Pelletier 1992). Übereinstimmend ist von den befragten Angehörigen dieser Studie die Organspende als helfend in ihrem Leid bezeichnet worden.

In einer Arbeit von Cerney (1993) wird darauf verwiesen, dass der Status eines jeden Familienmitgliedes persönliche Reaktionen mitbestimmt und eine Rolle im Trauerprozess spielt. Das setzt voraus, dass man sich mit den Angehörigen „beschäftigt" um erfahren zu können, welche Rolle der Verstorbene im familiären Verbund gespielt hat bzw. welches Verhältnis zu den Angehörigen bestanden hat. Weiter wird auf die Bedeutung des Hirntodes mit seinen psychologischen Konsequenzen verwiesen und auf einen Aspekt, der in den Pflegeprozess einer Intensivstation integriert werden sollte: „... Family members – including children, unless they choose not to be present – need the opportunity to express their love and care to their loved one. ..." (ebenda). Die Einbeziehung der Angehörigen von Anfang an als ein entscheidender Faktor der Trauerbewältigung – kein unlösbares Problem.

Im Rahmen einer Studie von De Jong et al. (1998) ist erforscht worden, dass die Organspenderate durch die Verbesserung der „hospital care" und der Art und Weise des Umgangs mit den famliliären „... informational and emotional needs ..." gesteigert werden kann. Als Gründe einer niedrigen Organspenderate werden angegeben: „... the failure to determine which patients are potential donors, failure to ask patients' families to grant consent, poor timing or phrasing of the donation request, lack of knowledge among family members about the deceased's wishes, public ignorance about the concept of brain death, and various beliefs and attitudes about organ donation and transplantation. ...". Praxisbezogene Gründe, die vermutlich auch die niedrigen Organspenderaten in Deutschland verursachen.

Zu dieser Hypothese ist ausgewertet worden,
- ob Fachpersonal den eigenen Entscheidungsprozess bzgl. Spendebereitschaft und Transplantation abgeschlossen hat,
- ob Pflegende und Ärzte ihre Entscheidung ihren nächsten Angehörigen mitgeteilt haben,
- ob sie die Entscheidung bzgl. der eigenen Organspende selbst treffen möchten,
- wie oft ihnen Resultate über erfolgte Transplantationen mitgeteilt werden,
- wer ihnen die Resultate mitteilt,
- was sich Pflegende und Ärzte für unterstützende Maßnahmen für ihren Arbeitsbereich wünschen,

- ob Pflegende und Ärzte es für sinnvoll halten, an einem EDHEP-Seminar teilzunehmen und
- mit welcher Wichtigkeit verschiedene Aspekte lt. Meinungen des Fachpersonals Angehörige von Hirntoten und Organspendern bei ihrer Entscheidungsfindung beeinflussen können.

Die zu dieser Hypothese durchgeführte Modellberechnung prüft, ob ein nicht abgeschlossener Entscheidungsprozess ein erhöhtes Risiko zur Ablehnung einer Organspende darstellt.

Zusammenfassend führen die Antworten der Studienteilnehmer zu folgenden Aussagen:

1. In Klinik A (Fachklinik) ist für den überwiegenden Teil beider Berufsgruppen der eigene Entscheidungsfindungsprozess noch nicht abgeschlossen und wird von Praxissituationen beeinflusst. In Klinik B (Uniklinik) ist der eigene Entscheidungsfindungsprozess für den überwiegenden Teil des Fachpersonals abgeschlossen. Durch dieses Ergebnis kann die Hypothese für Klinik A noch nicht falsifiziert werden, für Klinik B kann sie falsifiziert werden.
2. Die meisten Befragten beider Kliniken haben ihre Entscheidung ihren nächsten Angehörigen mitgeteilt.
3. Die meisten Pflegenden und Ärzte beider Kliniken möchten die Entscheidung bzgl. ihrer eigenen Organspende selbst treffen und nicht ihren Angehörigen übertragen.
4. Pflegende und Ärzte beider Kliniken werden über Resultate erfolgter Transplantationen selten bis nie informiert.
5. Über Resultate von Transplantationen müssen sich Pflegende und Ärzte über Kollegen selber informieren, mit Ausnahme der Ärzte aus Klinik B (Uniklinik): Sie werden vom Transplantationskoordinator informiert.
6. Als unterstützende Maßnahmen für den Arbeitsbereich wünschen sich Pflegende vorwiegend mehr Zeit für Gespräche im Team bzgl. der Thematik, Gespräche mit externem Fachpersonal im Rahmen von Supervisionen und Informationen über transplantierte Patienten. Für Ärzte wäre es eine Unterstützung, wenn sie ebenfalls mehr Zeit für Gespräche mit Kollegen bzgl. der Thematik und Möglichkeiten zu Gesprächen mit internem und externem Fachpersonal hätten, auch im Rahmen von Supervisionen, und mehr Informationen über transplantierte Patienten bekommen würden.
7. Der überwiegende Teil der Pflegenden und Ärzte hält es für sich selbst für sinnvoll, an einem EDHEP-Seminar teilzunehmen.
8. Beide Berufsgruppen schätzen Aspekte, die die Angehörigen der Organspender selbst betreffen bei ihrer Entscheidungsfindung, mit größerer Wichtigkeit ein als organisatorische Aspekte.
9. Ein nicht abgeschlossener Entscheidungsprozess bzgl. der eigenen postmortalen Organspende stellt sich für beide Kliniken in der Modellberechnung nicht als Risikofaktor dar, keine Organe spenden zu wollen.

Diese fünfte Hypothese kann durch vorliegende Untersuchungsergebnisse für Klinik A noch nicht falsifiziert werden. Für Klinik B wird sie falsifiziert. Zu dieser Hypothese sei angemerkt, dass offen bleibt, ob Praxissituationen eher die emotionale oder rationale Betrachtungsweise des Fachpersonals in der Weise beeinflussen, dass nach einer erlebten Praxissituation der Betreuung und Versorgung eines Organspenders und seiner Angehörigen Affektsituationen ausgelöst werden können. Affektsituationen in dem Sinne, dass sie positiv oder negativ die jeweilige Grundeinstellung der Pflegeperson oder des Arztes beeinflussen: Positiv erlebte Praxissituationen können die Bereitschaft des Fachpersonals zu einer eigenen postmortalen Organ-Gewebespende fördern, negativ erlebte Praxissituationen eine ablehnende Haltung stärken.

Anhand der Antworten der Studienteilnehmer zur Frage der Weitergabe von Resultaten über Transplantationen muss für Klinik A sowohl für Klinik B geschlussfolgert werden, dass die Kommunikation zwischen den Berufsgruppen und in den Berufsgruppen selbst nicht sehr ausgeprägt ist. Die Ursachen hierfür können vielseitig sein: Desinteresse, Zeitmangel, keine Verantwortlichkeiten und Zuständigkeiten für Informationsweitergaben, Vergessenheit, Informationsweitergaben werden nicht für nötig gehalten oder andere. Der interdisziplinäre Dialog zwischen Pflegepersonal und Ärzten im Intensivbereich muss optimiert werden in Hinsicht der Spendererkennung, der Verarbeitung von Belastungsfaktoren und einer besseren Angehörigenbetreuung. Gerade diese beiden Berufsgruppen arbeiten sehr eng zusammenarbeiten und sind aufeinander angewiesen. Auf die „günstige Wirkung" (Muthny et.al., 1995) einer Kooperation von Pflegenden und Ärzten wird auch von anderen Autoren aufmerksam gemacht (Muthny et.al., 1995). Deng et.al. (1997) beschreiben im interdisziplinären Herzinsuffizienz- und Transplantationsprogramm die Zusammenarbeit einer interdisziplinären Arbeitsgruppe. Ein Beispiel der Seite der Organempfänger, welches evtl. für die Spenderseite umsetzbar wäre.

Weitere Aspekte mit hoher Praxisrelevanz sind von Gibson (1996) beschrieben. Vergleichende, auf Deutschland bezogene Aussagen sind nicht möglich, da keine diesbezüglichen Forschungsarbeiten recherchiert werden konnten. „... Bridigare & Oermann (1991) found, that nurses with previous experience of organ donation were more knowledgeable and held more positive attitudes, yet Wakeford & Stepney (1998) found, that dealings with transplant teams often negatively influenced nurses attitudes, and Borozny (1990) found that nurses often viewed transplantat teams as ‚vultures'. ... The transplant team could provide an after care scheme for the nurses and evaluate the effectiveness of this and the effect it has on donor referrals."

In der Arbeit von Kibert & Kibert (1992) wird ein Zusammenhang vermutet, der einen Begründungsansatz für die Spendebereitschaft des Pflegepersonals in den Kliniken A und B in Verbindung zu den Informationsweitergaben über erfolgte Transplantationen bietet: „We suspect that the nursing environment and the exposure to follow-up information on transplantation greatly influences personal attitudes toward donation". Auf die Rolle des Pflegepersonals wird weiterhin explizit hingewiesen „If nurses do not unanimously support transplantation and procurement, then how can we expect the public to do the same?" (ebenda) Eine Kernfrage, die unabdingbar in Deutschland gestellt und beantwortet werden muss.

5.2. Risikoprofile für Kliniken A und B, die zur Ablehnung der postmortalen Spendebereitschaft des Fachpersonals führen

Anhand der im Zusammenhang mit den Hypothesen 1 bis 5 ermittelten Risikofaktoren kann zusammenfassend folgendes Risikoprofil erstellt werden. Bei den mehrfaktoriellen Risikofaktoren ist erkennbar, welche Faktoren eine Risikoerhöhung beeinflussen (siehe Pkt. 5).

Faktor	Risiko OR p-Wert
Hirntodkriterien: es sind nur manche Hirntodkriterien bekannt im Gegensatz zu allen	**Klinik A:** keine Risikoerhöhung (einfaktoriell und mehrfaktoriell)
	Klinik B: 3,35 0,04 (mehrfaktoriell) adjustiert nach: Berufserfahrung
Todesfeststellung: Hirntodkriterien werden nicht als ausreichend zur Todesfeststellung gehalten	**Klinik A:** keine statistisch signifikante Risikoerhöhung (einfaktoriell und mehrfaktoriell), aber: OR: 2,21 0,40 (mehrfaktoriell) adjustiert nach: Berufsgruppe OR Ärzte: 4,09 0,15 (einfaktoriell)
	Klinik B: nicht nachweisbar
Konfessionszugehörigkeit: ja	**Klinik A:** keine Risikoerhöhung
	Klinik B: keine statistisch signifikante Risikoerhöhung, aber OR: 4,80 0,06 (mehrfaktoriell) adjustiert nach: Berufsgruppe, Informationsstand, Infowunsch nach ethischen Aspekten Stratifizierung nach Berufsgruppen: OR Pflegende: 4,00 0,05 (mehrfaktoriell) adjustiert nach: Informationsstand OR Pflegende: 4,80 0,06 (mehrfaktoriell) adjustiert nach: Informationsstand und Informationswunsch zu ethischen Aspekten
Informationsstand: Fachpersonal fühlt sich nicht ausreichend genug zum Thema informiert	**Klinik A:** keine statistisch signifikante Risikoerhöhung (einfaktoriell und mehrfaktoriell), aber: OR Pflegende: 6,64 0,15 (mehrfaktoriell) adjustiert nach: Berufserfahrung

Belastung: Fachpersonal ist bei der Versorgung von Hirntoten und Organspendern belastet (Angabe verschiedener Belastungswahrnehmungen)	**Klinik B:** keine statistisch signifikante Risikoerhöhung (einfaktoriell und mehrfaktoriell)
	Klinik A: keine statistisch signifikante Risikoerhöhung (einfaktoriell und mehrfaktoriell)
	Klinik B: keine statistisch signifikante Risikoerhöhung (einfaktoriell und mehrfaktoriell)
Belastungsabnahme: Belastung nimmt mit zunehmender Berufserfahrung nicht ab	**Klinik A:** keine Risikoerhöhung (einfaktoriell und mehrfaktoriell)
	Klinik B: keine statistisch signifikante Risikoerhöhung, aber OR: 3,21 0,09 (mehrfaktoriell) adjustiert nach: Berufserfahrung
Entscheidungsprozess: bzgl. der eigenen Spendebereitschaft ist für Fachpersonal noch nicht abgeschlossen	**Klinik A:** keine Risikoerhöhung (einfaktoriell und mehrfaktoriell)
	Klinik B: nicht nachweisbar

Tbl. 9: Risikoprofil für Kliniken A und B

Diese Ansätze der Ergründungen für das Spendeverhalten der Pflegenden und Ärzte muss im Zusammenhang mit den deskriptiven Auswertungen gesehen werden. Nicht alle ermittelten Risikoerhöhungen stellen sich als statistisch signifikant dar, die Wahrscheinlichkeit eines Irrtums ist in diesen Studien gegeben. Sie gelten jedoch als bedeutsam bei einer Betrachtung der Auswertungen insgesamt und in Verbindung mit der jeweiligen Situation der Einrichtung.

Die Modellberechnungen zeigen, dass es möglich ist zu ermitteln, ob sich Einfluss- und Einstellungsfaktoren als statistisch signifikante Risikofaktoren darstellen, die zur Nicht-Spendebereitschaft bei Pflegenden und Ärzten führen können. Die analytischen Auswertungen zeigen des Weiteren, dass eine Ermittlung von Risikofaktoren nicht bei jeder Modellberechnung möglich ist. Es wird davon ausgegangen, dass diese nicht nachweisbaren Risikofaktoren auf die Fallzahlen zurückzuführen sind.

Für **Klinik B** (Uniklinik) ist eine 3,35 fache, signifikante Risikoerhöhung gesichert ($p = 0,04$), keine Organe spenden zu wollen, wenn Pflegenden und Ärzten manche Hirntodkriterien bekannt sind und nicht alle. Für **Klinik A** (Fachklinik) kann kein Einstellungsfaktor als statistisch gesicherter signifikanter Risikofaktor auf Grund der Angaben der Studienteilnehmer ermittelt werden.

Einige ermittelte p-Werte liegen nicht mehr ganz im statistisch signifikanten Bereich und können Anlass zur kontroversen Diskussion sein. Diese Werte werden aufgeführt, da sie in Verbindung mit der deskriptiven Auswertung und für die Berufspraxis bedeutsam sind:
- Für das Fachpersonal in **Klinik A** ist unter Beachtung des Merkmals der Be-

rufsgruppenzugehörigkeit eine 2,21 fache Risikoerhöhung gesichert (p = 0,40), keine Organe spenden zu wollen, wenn die Hirntodkriterien als nicht ausreichend zur Todesfeststellung gehalten werden, d.h. wenn der Hirntod nicht als Tod akzeptiert wird. Auf Grund der Stratifizierung nach den Berufsgruppen ist ersichtlich, dass dieser Effekt auf die ärztliche Meinerungsäusserung zurückzuführen ist: Bei ihnen ist ein 4,09 faches Risiko nachweisbar (p = 0,15), bei den Pflegenden ist kein Nachweis möglich.
- Für **Klinik B** (Uniklinik) ist bei Konfessionszugehörigkeit unter Beachtung der Merkmale der Berufsgruppe, des Informationsstandes und des Informationswunsches zu ethischen Aspekten eine 4,80 fache Risikoerhöhung nachweisbar, keine Organe spenden zu wollen (p = 0,06). Die weitere Stratifizierung nach den Berufsgruppen ermöglicht zu eruieren, dass dieses Ergebnis durch die Meinungsäußerungen der Pflegenden verursacht wird und als statistisch signifikant gilt: OR = 4,00, p = 0,05 unter Beachtung des Informationsstandes. Das Merkmal des Informationswunsches zu ethischen Aspekten erhöht das Risiko zusätzlich auf das 4,8 fache (p = 0,06). Bei den Ärzten ist kein Nachweis möglich.
- Ein weiteres Ergebnis, dass außerhalb des statistischen Signifikanzbereiches liegt, zeigt sich bei der Stratifizierung nach den Berufsgruppen zum Einflussfaktor des Informationsstandes. In **Klinik A** (Fachklinik) ergibt sich bei den Pflegenden eine 6,64 fache Risikoerhöhung, keine Organe spenden zu wollen, wenn sie sich nicht ausreichend genug informiert fühlen unter Beachtung der Berufserfahrung. Der ermittelte dazugehörige p-Wert ist 0,15. Ein Ergebnis, dass im Hinblick seiner Praxisrelevanz und wieder im Zusammenhang mit der deskriptiven Auswertung dennoch als Diskussionsgrundlage gesehen werden kann.
- Wenn für Fachpersonal in **Klinik B** (Uniklinik) die Belastung bei der Versorgung und Betreuung von Organspendern mit zunehmender Berufserfahrung nicht abnimmt, ist eine 3,21 fache Risikoerhöhung nachweisbar, selbst keine Organe spenden zu wollen (p = 0,09). Dieser Effekt ist ebenfalls hauptsächlich auf die Meinerungsäusserungen der Pflegenden zurückzuführen, da bei den Ärzten kein Nachweis möglich ist (OR Pflegende 3,01, p = 0,13).

Die zusammenfassende Darstellung dieses Risikoprofils zeigt, dass es möglich ist, Risikobereiche zu erkennen, Grundlagen eines interdisziplinären Dialoges zu schaffen, Handlungsansätze zu erstellen und Begründungen zu finden. Somit kann ein weiterer kleiner Beitrag geleistet werden, das Spendeverhalten von Pflegepersonal und Ärzten im Intensivbereich als Schlüsselbereich im Organspendeprozess zu ergründen. Dabei kann bei Absprache der Verantwortlichen mit den Beteiligten der wichtige Aspekt der Ressourcennutzung berücksichtigt werden, um eine Verschwendung zeitlicher und finanzieller Ressourcen zu vermeiden.
Im Rahmen eines interdisziplinären Projektes (Psychologie, Augenheilkunde, Gesundheits- und Pflegewissenschaft), dass als Folge eines Organspendesympo-

siums (1999) an der Martin-Luther-Universität Halle-Wittenberg durchgeführt worden ist, sind Einflussfaktoren auf die Bereitschaft, einen Organspendeausweis auszufüllen, untersucht worden. In dieser Studie ist die Theorie des geplanten Verhaltens zur Vorhersage der Bereitschaft, einen Organspendeausweis auszufüllen, und des tatsächlichen Verhaltens abgeleitet, entwickelt und empirisch überprüft worden. An dieser Untersuchung mittels Fragebogenerhebung haben sich 830 Personen beteiligt (361 Personen der Allgemeinbevölkerung, 101 Patienten, 289 Pflegende und 79 Ärzte verschiedener Krankenhäuser und Fachbereiche. Anm.: Es ist davon auszugehen, dass diese Pflegenden und Ärzte eher peripher mit dem Thema der Organspende konfrontiert werden: Zum Zeitpunkt der Erhebung sind sie nicht im Schlüsselbereich einer Intensivstation tätig. Es ist unbekannt ist, ob sie bisher Kontakt mit einem Organspender und dessen Angehörigen gehabt haben.). Als ein wichtiges Ergebnis dieser Untersuchung wird formuliert, dass über fünf Variablen 70% der Varianz in der Intension aufgeklärt werden können. Im Gegensatz dazu wird das Ergebnis der Vorhersage des tatsächlichen Verhaltens, einen Organspendeausweis auszufüllen, als unbefriedigend beschrieben: Über die Intension konnten nur 13% des Verhaltens aufgeklärt werden (Hübner, Six 2002). Aus dieser Studie ist ableitbar, dass Einstellungen eine geringe Wirkung auf die Verhaltensausführung zeigen. Die empirischen Erhebungen in Klinik A und Klinik B zeigen Einstellungen von Pflegenden und Ärzten, die durch Praxissituationen beeinflusst werden können und die über die 1. und 2. Intension (= Spendeabsicht und Erklärungsabsicht) einen Einfluss auf die Verhaltensausführung der schriftlichen oder mündlichen Willenserklärung darstellen können.

Die Ergebnisse der geprüften Hypothesen, bei denen zu ausgewählten Einstellungen angenommen worden ist, dass sie zur Nicht-Spendebereitschaft des Fachpersonals führen, können vage in Verbindung zu dem Projektergebnis gebracht werden. Vage deshalb, da die untersuchten Forschungsgruppen und Kernfragestellungen nicht korrespondieren (Fragestellung Projekt: Organspendeausweis, Fragestellung Kliniken A und B: Spendebereitschaft. Fragestellung von Kliniken A und B = Voraussetzung für Fragestellung Projekt). Beide Untersuchungen machen deutlich, 1. dass es neben Einstellungen andere Bereiche (Praxissituationen?, Organisationsstrukturen?, Einfluss des Staates/der Gesellschaft auf die medizinische Einrichtungen, Elemente eines QMS?) geben könnte, die bedeutsam für eine Spende- und Erklärungsabsicht und das darauf folgende Verhalten, diese Absicht zu dokumentieren oder den Angehörigen mitzuteilen, gibt und 2. dass daraus ein weiterer interdisziplinärer Forschungsbedarf ableitbar ist.

5.3. Hypothese 6

Wenn Ärzte sich vorstellen können, die Meldung eines potenziellen Organspenders an das zuständige Transplantationszentrum weiterzuleiten, um Gespräche mit den Angehörigen zu vermeiden, lehnen sie eine eigene postmortale Organspende häufiger ab.

Mit der Beantwortung dieser Frage, die speziell für die Ärzte gedacht gewesen ist, soll die Umsetzung des Transplantationsgesetzes erfragt werden. Es wird eruiert, in welchem Zusammenhang diese Einstellung zur eigenen postmortalen Organspende steht. In der Verbindung der Vorstellung zur Zögerung der Meldung und der eigenen Spendebereitschaft kommt die Reflektion des wahrgenommenen Umgangs mit den Angehörigen auf den Kommunikationsumgang mit den eigenen Angehörigen, damit auf das eigene Verhalten, zum Ausdruck. Dieser Zusammenhang ist als Bestandteil des Modells der TOPB zu sehen, welches sich in Abb. 4 auf die Spendebereitschaft bezieht. Dieser Zusammenhang ist bedeutsam, da er auf den wichtigen Aspekt der Kommunikation hinweist. Die Weiterleitung einer Meldung an das zuständige Transplantationszentrum fällt nicht in den Aufgabenbereich des Pflegepersonals.

Frage: Könnten sie sich vorstellen zu zögern, einen Hirntoten zu melden, um Gespräche mit den Angehörigen zu vermeiden?

Teilnehmer der Ärzte Kliniken A + B:

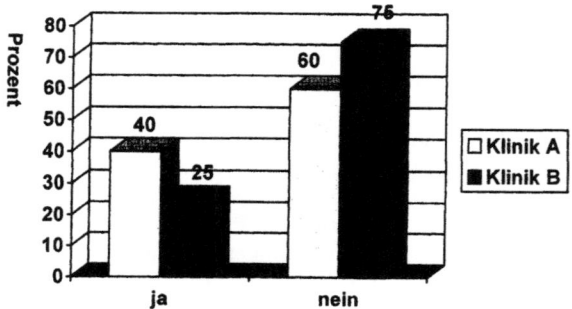

Abb. 11: Zögerung der Meldung an das Transplantationszentrum, Ärzte Kliniken A + B
n = 59, davon n Klinik A = 47, n Klinik B = 12

- In beiden Kliniken würden Ärzte zögern, die Meldung an das zuständige Transplantationszentrum weiterzugeben. Zu diesem Ergebnis muss eine ergänzende Aussage zur Größenordnung der Angaben gemacht werden: Da die Fallzahl der Ärzte in Klinik B insgesamt geringer ist als in Klinik A ist, gilt die Aussage für Klinik B zu diesem Aspekt als gemindert.

♦ In Klinik A (Fachklinik) haben diese Befragten eine hohe Berufserfahrung von 5- unter 10 und mehr als 10 Jahren. In Klinik B (Uniklinik) sind es Ärzte mit mittlerer Berufserfahrung von 2- unter 5 und 5- unter 10 Jahren. Ein Ergebnis, dass von Bedeutung ist bzgl. der Umsetzung des Transplantationsgesetzes und im Hinblick auf die Tatsache, dass zu viele schwerkranke Patienten auf der Warteliste für eine Transplantation versterben, weil kein passendes Organ zur Verfügung steht. Die Gründe für dieses Ergebnis können vielseitig sein.
Die Antworten der Ärzte auf die nächste Frage sollen zeigen, wie sich diese Tatsache im Ansatz erklären lässt, worin das begründet sein könnte.

Frage: Nicht alle Hirntoten werden dem zuständigen Transplantationszentrum gemeldet. Woran könnte das Ihrer Meinung nach liegen? (Mehrfachantworten)

Die Antworten geben einen kleinen Einblick in Praxissituationen dieser Kliniken. Die geringe Fallzahl der Befragten lässt die Tendenz erkennen, dass im organisatorischen Bereich für Klinik A (Fachklinik) ein Erklärungsansatz liegt. Und da Organisationsstrukturen im Zusammenhang mit bestehenden Personalstrukturen analysiert, angepasst bzw. geändert und somit prozessoptimiert werden können, kann dieser Fakt als konkreter Ansatz gesehen werden, in der Praxis etwas gegen den bestehenden Organmangel zu tun.

Gründe	Zögerung zur Meldung JA			
	Klinik A n = 19		Klinik B n = 3	
	wichtigster	zweitw. Grund	wichtigster	zweitw. Grund
personelle Gründe	37% (n=7)	16% (n=3)	67% (n=2)	-
medizinische Gründe	26% (n=5)	37% (n=7)	-	34% (n=1)
organisatorische Gründe	68% (n=13)	5% (n=1)	34% (n=1)	34% (n=1)
Vermeidung der Belastung der Angehörigen	37% (n=7)	21% (n=4)	-	67% (n=2)
fehlendes Verständnis der Angehörigen	21% (n=4)	32% (n=6)	34% (n=1)	34% (n=1)

Tbl. 10: Zögerung zur Meldung an das Transplantationszentrum vs. Zögerungsgründe Ärzte Kliniken A + B

Diese Ergebnisse lassen sich in zwei Betrachtungsweisen andiskutieren:
1. keine Beachtung → Akzeptanz der Antworten → keine Reaktion
<u>eine</u> mögliche Folge: Bei Bekanntwerden dieses Faktes bei anderen Personal- bzw. Bevölkerungsgruppen schlechtes Image der Organ- und Gewebespende in der Öffentlichkeit

2. Beachtung ➔ keine Akzeptanz der Antworten ➔ Reaktion: Was kann von wem getan werden?
Zunächst kann an die diensthabenden und damit verantwortlichen Ärzte appelliert werden, der Meldepflicht entsprechend dem Transplantationsgesetz (§11, Abs. 4) nachzukommen. Es ist bekannt, dass viele Krankenhäuser in Deutschland Organ- und Gewebespender nicht erkennen und/oder die Meldung eines Organspenders nicht an das zuständige Transplantationszentrum weiterleiten. Die Beteiligung der insgesamt ca. 1400 Krankenhäuser mit Intensiv- und Beatmungsbetten an Organspenden hat im Jahre 2000 bei 38% gelegen, im Jahre 2001 bei 44% und im Jahre 2002 bei der rückläufigen Meldebeteiligung von 40% (Quellen: Jahresberichte 2000-2002 der Deutschen Stiftung Organtransplantation). Der Anteil der Häuser der Maximal- und Zentralversorgung ist dabei höher als der der Grund- und Regelversorgung. Die Aktivitäten der kleineren Krankenhäuser im Hinblick einer steigenden Organspenderate sind genauso wichtig. Auf deren Bedeutung wird bei Gubernatis et al. (1997) hingewiesen. Von anderen Autoren wird ebenfalls auf diese Problematik aufmerksam gemacht: „Ein ungenutztes Potenzial scheint jedoch auch in den Kliniken selbst zu liegen. ...Dies mag lediglich ein Aufklärungs- und Organisationsdefizit sein, ... dass sich zahlreiche Kliniken dieser ethisch, rechtlich und medizinisch komplexen Probleme nicht aussetzen wollen. Von medizinischer Seite wurde besonders angemahnt, dass existierende Transplantationszentren zurzeit keinerlei standardisierter Qualitätskontrollen unterliegen, ... erhebliche Qualitätsunterschiede bestehen. Eine Behebung dieses z.T. dramatischen Zustandes scheint den meisten Medizinern dringend geboten, da auf nicht zu rechtfertigende Weise die ohnehin nur ungenügend zur Verfügung stehenden Organe verloren gehen." (Engels, Badura-Lotter, Schicktanz 2000).
Auch für Angehörige, die um eine Entscheidung bzgl. Organspende verstorbener Angehöriger gebeten werden, scheint die Größe bzw. der Status eines Krankenhauses nicht unwichtig zu sein, was in einer internationalen Studie ein interessantes Ergebnis darstellt. „... Whenever the approach was made in a large university medical center, families were less satisfied than when the request was made at a community hospital, regardless of the community hospital's size..." (Burroughs et al. 1998).
Das ein implementiertes und gut funktionierendes Qualitätsmanagementsystem u.a. auch zur Hilfestellung für kleinere Krankenhäuser führt in der Weise, dass es ihnen ermöglicht wird, am Organspendeprozess teilzunehmen, wird von Gubernatis et al. (2001) beschrieben. Dieser Hinweis muss als beispielhaft und wegweisend für die Zukunft gesehen werden. Als weitere positive Facts, zu denen ein Qualitätsmanagement u.a. generell führen sollte, werden angegeben „... may serve as such a system, one in which quality management is combined with recognition, leading to a reduction of cost and, thus, to an increase in effectiveness." (ebenda).

Aus diesem Zusammenhang ergibt sich eine Frage mit juristischen Inhalt: Könnte sich eine juristische Konsequenz für die Krankenhäuser ergeben im Sinne einer unterlassenen Hilfeleistung für schwerkranke Patienten auf der Warteliste, da
- die Behebung des Organmangels eine gemeinschaftliche Aufgabe ist und
- die Krankenhäuser lt. §11 TPG, Abs. 4 "verpflichtet" sind, mit der Koordinierungsstelle zusammen zu arbeiten?

Diese Frage wird zum jetzigen Zeitpunkt mit „nein" beantwortet: „ ... Eine unterlassene Hilfeleistung im Sinne des Strafgesetzbuches wird man in einer Nichtmitwirkung kaum sehen können. ... Sicher könnte man rechtlich die Nachfragepflicht verschärfen..." (Prof. Dr. Dr. h.c. H.-L. Schreiber, persönliche Korrespondenz, Nov. 2001).

Somit haben die Krankenhäuser keine Sanktionen wie z. Bsp. bei Organhandel von Seiten des Gesetzgebers zu befürchten, da der Gesetzgeber als Kontrollinstanz gilt. Von einem anderen Autor ist formuliert worden: „Eine Zahl von verfügbaren Organen kann für sich allein kein Mangel sein, streng genommen ist der Mangel an Organen nur ein Symptom für das eigentliche Problem. ... Insofern bedingt die Zahl der verfügbaren Transplantate, dass mögliche Hilfe durch Transplantation unterbleiben muss. Im Grunde ist es nicht ein Mangel an Organen, sondern ein Mangel an möglicher Hilfe für Bedürftige" (Wiesing 2000).

Ein entscheidender Aspekt, der bei Umsetzung einen Handlungsansatz für die Berufspraxis darstellt und der sich bei einer sich „rechtlich verschärfenden Nachfragepflicht" positiv für die jeweiligen Krankenhäuser auswirkt, ist wieder der Aspekt eines funktionierenden Qualitätsmanagementsystems. Definierte, beschriebene und transparente Strukturen werden dazu beitragen, die Ursachen des Symptoms des Transplantatmangels beheben zu können. Maßnahmen der Qualitätssicherung, die gesetzeskonform mit SBG V sind und sich vorwiegend auf Bereiche der Ergebnisqualität beziehen (organbezogen, Follow-up Bereiche), müssen als unzureichend gesehen werden im Gesamtkontext Organ-Gewebespende / Transplantation, da sie Teilbereiche eines Qualitätsmanagementsystems abdecken. Ob Maßnahmen in Konformität mit der ISO 9001:2000-12, der ISO 9004:2000-12 im Hinblick der Erweiterung in Richtung Total Quality Management, nach KTQ-Vorgaben, im Hinblick einer EFQM-Bewertung oder einer Konformitätserklärung der jeweiligen Einrichtung – wenn sich die Inputeingaben des Meldeprozesses eines Organ- und Gewebespenders nicht ändern, wird sich auf der Outputseite nichts ändern können.

Sofern es vom Gesetzgeber als verantwortliche Instanz anerkannt wird, dass zum einen der gravierende Organmangel ursächlich mitbedingt ist als ein „... result of insufficient recognition of potenzial organ donors by medical staff in hospitals..." (Gubernatis et al. 2001), und als Folge einer insuffizienten Teilnahme der Krankenhäuser und Ärzte am Organspendeprozess, „ ... hospitals and doctors do not participate sufficiently in the process of organ donation ..." (Gubernatis 1999), zum anderen zusätzlich nachweislich in (mindestens) 2 großen

Krankenhäusern Ärzte nicht zögern würden, eine Meldung an das zuständige Transplantationszentrum weiterzuleiten, ist deutlich ein Handlungsbedarf ableitbar. In Bezugnahme zur formulierten Hypothese stellt sich der Zusammenhang der Vorstellung der Zögerung zur Meldung mit der Spendebereitschaft als Einstellungsfaktor dieser Ärzte wie folgt dar:

Wären die Ärzte selber zur eigenen postmortalen Organspende bereit?

Spendebereitschaft	Zögerung zur Meldung JA	
	Klinik A n = 19	Klinik B n = 3
nur bestimmte Organe	11% (n = 2)	-
Multiorganspende	68% (n = 13)	67% (n = 2)
nein	21% (n = 4)	-
weiß nicht	-	34% (n = 1)

Tbl. 11: Zögerung zur Meldung an das Transplantationszentrum vs. Spendebereitschaft Ärzte Kliniken A + B

Ärzte, die sich vorstellen könnten zu zögern, die Meldung an das zuständige Transplantationszentrum weiterzuleiten, sind selber überwiegend zur postmortalen Organspende bereit, um anderen Menschen zu helfen. Diese Ergebnisse führen zur Falsifikation der Hypothese. Wenn aus diesen Antworten geschlussfolgert wird, dass in anderen Einrichtungen ebenfalls Meldungen nicht weitergeleitet werden und somit weniger Organe vermittelbar sind, kann vermutet werden, dass einem Wunsch zur Organspende nur bedingt entsprochen werden würde. In Bezugnahme zur Spendebereitschaft der Ärzte ist eine Modellberechnung erstellt worden, die prüfen soll, ob sich dieser Einstellungsfaktor der Zögerung als Risikofaktor zur Nichtspendebereitschaft darstellt.

Modellberechnung:
Risiko für <u>keine</u> Spendebereitschaft − Zögerung der Meldung an das zuständige Transplantationszentrum

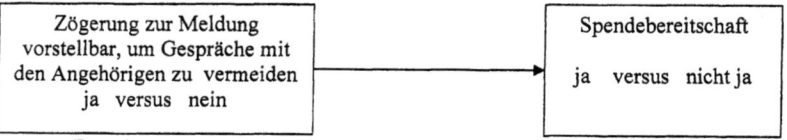

unter Beachtung
- der Berufserfahrung,
- des ausreichenden Informationsstandes,
- der Meinung, es könnte an persönlichen Gründen liegen,
- der Meinung, es könnte an medizinischen Gründen liegen,
- der Meinung, es könnte an der Vermeidung der Belastung der Angehörigen liegen,
- der Meinung, es könnte am fehlenden Verständnis der Angehörigen liegen,
- der Meinung, es könnte an organisatorischen Gründen liegen.

Faktor	OR Klin. A	Klin. B	p-Wert Klin. A	Klin. B
Klinik A: n=47 Klinik B: n=12 Zögerung zur Meldung vorstellbar ja n = 19 n = 3 nein n = 28 n = 9	1,22 1	4,00	0,78	0,39
Klinik A: n=46 Klinik B: n=12 Zögerung zur Meldung vorstellbar ja n = 19 n = 3 nein n = 27 n = 9 unter Beachtung der Berufserfahrung	2,85 1	2,73	0,27	0,55
Klinik A: n=47 Klinik B: n=12 Zögerung zur Meldung vorstellbar ja n = 19 n = 3 nein n = 28 n = 9 unter Beachtung des ausreichenden Informationsstandes	1,17 1	4,37	0,82	0,37
Klinik A: n=27 Klinik B: n=7 Zögerung zur Meldung vorstellbar ja n = 10 n = 2 nein n = 17 n = 5 unter Beachtung der Meinung, es könnte an persönlichen Gründen liegen	1,97 1	3,00	0,56	0,54
Klinik A: n=31 Klinik B: n=8 Zögerung zur Meldung vorstellbar ja n = 12 n = 1 nein n = 19 n = 7 unter Beachtung der Meinung, es könnte an medizinischen Gründen liegen	1,29 1	nicht nachweisbar	0,77	nicht nachweisbar
Klinik A: n=30 Klinik B: n=9 Zögerung zur Meldung vorstellbar ja n = 11 n = 2 nein n = 19 n = 7 unter Beachtung der Meinung, es könnte an der Vermeidung der Belastung der Angehörigen Gründen liegen	1,08 1	4,00	0,94	0,44
Klinik A: n=31 Klinik B: n=5 Zögerung zur Meldung vorstellbar ja n = 10 n = 2 nein n = 31 n = 3 unter Beachtung der Meinung, es könnte am fehlenden Verständnis der Angehörigen liegen	1,17 1	nicht nachweisbar	0,90	nicht nachweisbar

Klinik A: n=36 Klinik B: n=7 Zögerung zur Meldung vorstellbar ja n = 14 n = 2 nein n = 22 n = 5 unter Beachtung der Meinung, es könnte an organisatorischen Gründen			
2,42	3,03	0,37	0,55
1			

Tbl. 12: Spendebereitschaft – Zögerung zur Meldung an Transplantationszentrum vorstellbar, stratifiziert nach Kliniken A und B

- Bei den Ärzten in Klinik B (Uniklinik), die sich vorstellen können zu zögern, die Meldung an das zuständige Transplantationszentrum weiterzuleiten, um Gespräche mit den Angehörigen zu vermeiden, ist das Risiko, selbst keine Organe spenden zu wollen, 4 fach erhöht. Diese Risikoerhöhung lässt sich aber statistisch nicht sichern, was durch die niedrige Fallzahl der Ärzte verursacht sein kann. In Klinik A ist keine so deutliche Risikoerhöhung zu erkennen, die ebenfalls als nicht statistisch signifikant gesichert ist.
- Die Hinzunahme weiterer Faktoren in die Modellberechnung ergeben für beide Kliniken keine statistisch signifikant gesicherten Risikofaktoren.

Ein Risikoprofil zu diesem Faktor ist daher nicht erstellt worden.

6. Diskussion

6.1. Schlussfolgerung

Die Auswertungen der beiden empirischen Erhebungen bei Pflegenden und Ärzten im Intensivbereich in Klinik A und Klinik B im Zusammenhang mit den Modellberechnungen zur Berechnung von Risikofaktoren, die zur Ablehnung einer postmortalen Organspende beim Fachpersonal führen, haben bei beiden Berufsgruppen Gemeinsamkeiten wie Unterschiede ergeben. Die deskriptiven und analytischen Auswertungen sollen einen Ansatz geben, klinik- und/oder berufsgruppenspezifische Handlungskonzepte im Sinne einer steigenden Organ-Gewebespenderate zu erstellen und Einstellungen zu verdeutlichen. Sie sollen auch die Grundlage eines interdisziplinären Dialoges für die Berufsgruppen der Pflegenden und Ärzte bilden, die in einem gleichen Berufspraxisumfeld eng zusammenarbeiten und direkt mit dem Thema der Organ-Gewebespende konfrontiert werden. Weg von einer globalen Betrachtungsweise, konkret hinführend zu der jeweiligen Klinik und der jeweiligen Berufsgruppe angepasst. Die Verbindung der Auswertungen insgesamt, die unbedingt im Zusammenhang diskutiert werden müssen, zeigt, dass im Berufsumfeld der Pflegenden und Ärzte entscheidende Lösungen zu finden sind, um ein positives Einstellungsverhalten des Fachpersonals zu unterstützen. Statistische Zahlen allein sind nicht die Lösung. Sie können als ein weiterer Baustein gesehen werden, um diesen Berufsgruppen eine gezielte Hilfestellung zu geben.

Die deskriptiven Auswertungen der Erhebungen haben insgesamt ergeben, dass die Antworten des Fachpersonals eher klinik- als berufsgruppenspezifisch sind, woraus die Erarbeitung spezieller interdisziplinärer, klinikinterner Handlungskonzepte ableitbar ist. Diskutiert werden muss dieses Phänomen in zweierlei Hinsicht: 1. es habe Absprachen untereinander beim Ausfüllen der Fragebögen gegeben (was als zusätzliche Tätigkeit im Intensivalltag bei dem ohnehin anfallenden Arbeitsaufwand als eher nicht sehr wahrscheinlich angenommen werden kann) und 2. dieses Phänomen ist tatsächlich als Hinweis auf klinikinterne Strukturen und Verantwortlichkeiten zu sehen im Kontext des Organisations- und Personalmanagements der jeweiligen Klinik.

Anknüpfend an die Fragestellungen im Abschnitt 1.2. und an die sechs formulierten Hypothesen ergeben sich folgende Antworten:

1. Über 50% der Pflegenden und Ärzte im Intensivbereich in beiden Kliniken wären zur eigenen postmortalen Organspende bereit. In Klinik A (Fachklinik) lehnen 20% der Pflegenden und 14% der Ärzte eine eigene postmortale Organspende ab, in Klinik B (Uniklinik) wird sie von 12% des Pflegepersonals abgelehnt. Die Zustimmung zur Augenhornhautspende ist mit 43% bei den Pflegenden in Klinik A am niedrigsten. (im Rahmen einer Multiorganspende + bezogen auf die Augenhornhaut einzeln).
2. Die Spendebereitschaft von Pflegenden und Ärzten wird von internen wie externen Faktoren beeinflusst. Anhand der soziodemografischen Merkmale,

die den Nicht-Spendern in Klinik A und Klinik B zuordbar sind, sind Handlungsansätze im Hinblick einer positiven Beeinflussung ableitbar. Die meisten Nichtspender beider Kliniken und beider Berufsgruppen sind in der Altersgruppe 30-39 Jahre. Die Nichtspender beider Kliniken haben haben hohe Berufserfahrung von 5-unter 10 Jahren und mehr als 10 Jahren. Diese Angaben lassen Verbindungen zu Gebieten der Sozialpsychologie, Organisations- und Personalentwicklung erkennen. Aus der von den Nichtspendern angegebenen Konfessionszugehörigkeit ist ein Dialog mit der Institution Kirche ableitbar.

3. Analytische Modellberechnungen mittels logistischer Regression ermöglichen es, zu verschiedenen Einflussfaktoren Risikoprofile für die jeweilige Klinik und / oder Berufsgruppe zu erstellen. Dadurch kann ermittelt werden, welche Faktoren sich als statistisch signifikante Risikofaktoren darstellen, die zur Nichtspendebereitschaft der Pflegenden und Ärzte führen können.

Für **Klinik A** (Fachklinik) ergeben sich keine Risikofaktoren, die statistisch signifikant sind. Für **Klinik B** (Uniklinik) ist eine statistisch signifikante ($p = 0,04$) 3,35 fache Risikoerhöhung für Pflegende und Ärzte im Intensivbereich gesichert, wenn nur manche Hirntodkriterien bekannt sind und nicht alle unter dem Einfluss der Berufserfahrung. Kontrovers zu diskutierende Risikoerhöhungen (der p-Wert ist außerhalb des statistischen Signifikanzbereiches) sind für **Klinik A** nachweisbar, wenn die Hirntodkriterien als nicht ausreichend zur Todesfeststellung gehalten werden (OR = 2,21, $p = 0,40$). Der Effekt wird durch die Meinerungsäußerungen der Ärzte verursacht (OR = 4,09, $p = 0,15$). Eine 6,64 fache Risikoerhöhung, keine Organe spenden zu wollen ($p = 0,15$) ist für die Pflegenden nachweisbar, wenn sie sich nicht ausreichend genug informiert fühlen unter dem Einfluss der Berufserfahrung.

In Klinik B ist bei Konfessionszugehörigkeit eine 4,80 fache Risikoerhöhung ($p = 0,06$) ermittelt worden, keine Organe spenden zu wollen bei Beachtung der Merkmale der Berufsgruppe, des Informationsstandes und dem Informationswunsch zu ethischen Aspekten. Dieser Effekt der Konfessionszugehörigkeit geht auf die Meinerungsäußerungen der Pflegenden zurück. Speziell für diese Berufsgruppe stellt er sich unter dem Einfluss des Informationsstandes als signifikante, 4 fache Risikoerhöhung dar (OR = 4,00, $p = 0,05$). Der Informationswunsch zu ethischen Aspekten führt zu einer 4,8 fachen Risikoerhöhung ($p = 0,06$). Nimmt die Belastung bei der Versorgung und Betreuung eines Organspenders mit zunehmender Berufserfahrung nicht ab, ist für Fachpersonal das Risiko 3,21 fach erhöht ($p = 0,09$), selbst keine Organe spenden zu wollen.

Deskriptive und analytische Auswertungen müssen im Zusammenhang betrachtet werden. Obwohl die Risikoerhöhungen nicht immer als statistisch signifikante Risikoerhöhungen nachweisbar sind, können sie als Unterstützung oder Erklärung der Darstellung des IST - Zustandes der Kliniken gelten. Sie sind daher nicht ganz bedeutungslos und als weiterer Baustein zur Ergründung des Spendeverhaltens von Pflegenden und Ärzten zu werten.

4. Die Anwendung der Theorie des geplanten Verhaltens (TOPB) auf die Spendebereitschaft des Fachpersonals im Intensivbereich erweist sich als geeignet, eine Verbindung zwischen Theorie und Praxis zu schaffen. Dadurch erzielte Forschungsergebnisse können einen weiteren Beitrag leisten zur Erklärung des gesellschaftlichen Phänomens des Organ-Gewebemangels. Bei der Anwendung der TOPB auf die Spendebereitschaft des Fachpersonal würden zwei Intensionen (1. Intension: Spendeabsicht, 2. Intension: Erklärungsabsicht) über eine Verhaltensvariable (mündliche oder schriftliche Erklärung des Willens) geprüft werden. Die Berufsgruppen der Pflegenden und Ärzte aus Intensivbereichen scheinen sich als Forschungsgruppen zur Überprüfung der TOPB als geeignet erweisen, da sie im Gegensatz zu anderen Berufs- und Bevölkerungsgruppen einen engen und direkten Bezug zur Thematik der Organ- und Gewebespende haben (siehe Punkt 2.1.5).
5. Anhand des Gesamtkontextes dieser Arbeit ergeben sich folgende interdisziplinäre Forschungsansätze: z. Bsp.:
- weitere empirische Erhebungen bei Pflegenden und Ärzten im Intensivbereich, um
   a) spezifische klinik- und berufsgruppenangepasste Handlungskonzepte erstellen zu können als zeitnahe Maßnahmen, die
   b) zu repräsentativen, allgemein gültigen Aussagen führen können mit einer klaren Fokussierung von beeinflussenden Faktoren einer Bereitschaft oder Ablehnung zur Organ- Gewebespende einschließlich der Bereitschaft zur mündlichen oder schriftlichen Willenserklärung.
- Einstellungs- Verhaltensforschung im Zusammenhang mit der Theorie des geplanten Verhaltens (TOPB), siehe auch Abschnitt 2.1.5.
- Einstellungsforschung speziell bezogen auf den Bereich der Gewebespende / Transplantation
- Forschung auf dem Gebiet der Angehörigenarbeit, die andere Gründe ergeben können, die zur Ablehnung einer Organ-Gewebespende führen ausser dem nicht bekannten Willen des Verstorbenen. Solange keine anderen diesbzgl. empirischen Aussagen vorliegen, d.h. solange keine Angehörigen befragt werden, von welchen Faktoren ihre Entscheidung über ihren verstorbenen Angehörigen noch beeinflusst wird, könnte dieser Ablehnungsgrund als Schuldverlagerung auf die Angehörigen gewertet / gesehen werden. In den Kliniken A und B sind Pflegende und Ärzte nach ihrer Meinung gefragt worden, welche Aspekte Angehörige bei ihrer Entscheidung beeinflussen können. Vergleichend dazu im Hinblick einer Betreuungsoptimierung wären Aussagen von Angehörigen von Entscheidender Bedeutung ang zu Gebieten der Sozialpsychologie, der Organisations- und Personalentwicklung
- Forschung im Bereich der Beeinflussung von Medien und Institutionen, die Informationen zur Thematik Organ-Gewebespende verbreiten.

6. Die Implementierung eines der jeweiligen Klinik angemessenen Qualitätsmanagementsystems (QMS) lässt sich auf den gesamten Prozess der Versorgung und Betreuung eines Organ-Gewebespenders übertragen. Dabei sollte sich aber jede Einrichtung bewusst darüber werden, dass es nicht „in" ist, ein QMS zu haben oder davon zu sprechen, sondern dass gerade die Einführungsphase mit Arbeit verbunden ist. Erst müssen Denkstrukturen geändert werden, die in einem weiteren Schritt zu Struktur-, Prozess- und Ergebnisverbesserungen führen sollen und können. Meistens wird die Ergebnisqualität gemessen, die jedoch entscheidend von der Struktur- und Prozessqualität der jeweiligen Einrichtung abhängig ist. Alle drei Komponenten weisen auf die Qualitätsfähigkeit der jeweiligen Einrichtungen hin. Somit kann die Qualität, die durch Maßnahmen der Qualitätssicherung (QS) „gesichert" wird, durch Maßnahmen eines QMS verbessert werden. Um mit den Worten eines QMS zu sprechen: Input ➔ Prozess ➔ Output, d.h. ohne Input kein Output: Wird nichts für die Praxis und in der Praxis von Pflegenden und Ärzten getan, wird sich an den derzeitigen Ergebnissen nichts ändern können.

Die geprüfte und in dieser Arbeit dargestellte sechste Hypothese, die falsifiziert wird, deutet für Klinik A (Fachklinik) an, dass eine Zögerung zur Weiterleitung der Meldung eines potenziellen Organspenders an das zuständige Transplantationszentrum, um Gespräche mit den Angehörigen zu vermeiden, mit auf Organisationsstrukturen zurückführbar ist.

6.2. Rückbezug zu Kapitel 2

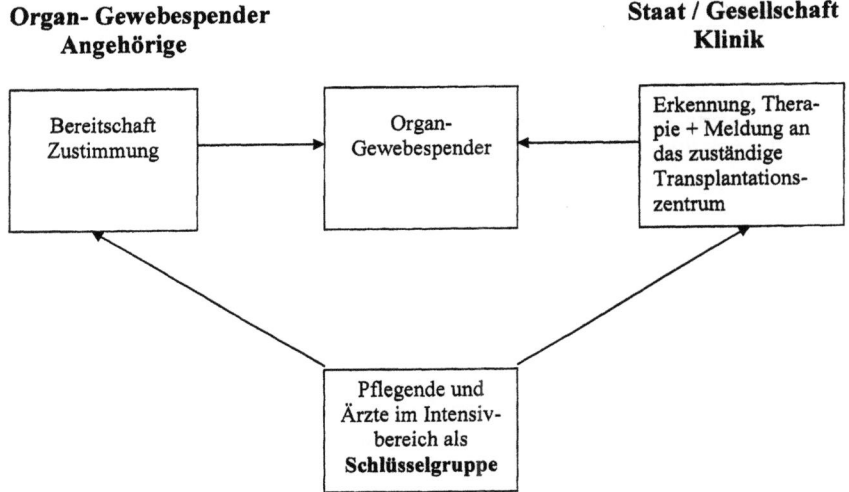

- ➢ Spendebereitschaft des Fachpersonals
- ➢ sozialdemographische Merkmale der Gruppe der Nichtspender
- ➢ Verbindung zur Theorie des geplanten Verhaltens (TOPB)
- ➢ Erstellung eines Risikoprofils
- ➢ Verbindung zur Anwendbarkeit eines angemessenen Qualitätsmanagementsystems

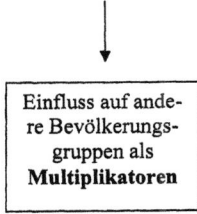

In dieser grafischen Darstellung ist die Verbindung der Ausgangssituation mit Punkten dieser Arbeit dargestellt. Pflegende und Ärzte im Intensivbereich als Schlüsselgruppe im Organ-Gewebespendeprozess und als Multiplikatoren für andere Bevölkerungsgruppen.

Unterschiedliche Faktoren verschiedener Ebenen wirken auf Pflegende und Ärzte ein. Es kann vermutet werden, dass es bei vielen Faktoren Ansätze gibt, positive Einstellungen des Fachpersonals einschließlich einer steigenden Bereitschaft zur Willenserklärung bzgl. Organ-Gewebespende zu unterstützen. Anhand deskriptiver und analytischer Auswertungen ist es möglich,
1. zeitnahe, konkrete, klinik- und berufsspezifische Konzepte und
2. durch weitere Forschungsarbeiten zeitfernere Konzepte zu erstellen und Verhaltensausführungen zu ergründen.

Die Diskrepanz zwischen Organ-Gewebebedarf und Organ- Gewebeverfügbarkeit wird immer größer. Das bedeutet, dass immer mehr Menschen ein Weiterleben und eine bessere Lebensqualität nicht ermöglicht werden kann. Handlungsansätze sind nicht effizient genug ausgebaut, um vorhandenes Potenzial zu nutzen und um dieser Diskrepanz entgegenzuwirken: das Potenzial der Spendebereitschaft des überwiegenden Teils der deutschen Bevölkerung und auch des Fachpersonals. Um Handlungsansätze als Hilfestellung für die Bevölkerung zu bekommen bzgl. einer Entscheidung einer Organ-Gewebespende und diesen eigenen Willen pro oder contra Organ-Gewebespende mündlich oder schriftlich zu erklären, dürfen nicht diejenigen Berufsgruppen vergessen werden, die in direkter Art und Weise mit diesem sensiblen Grenzbereich konfrontiert werden.

Organ-Gewebespende, nicht das wichtigste Thema der Gesellschaft,
aber ein wichtiges.

Eine Maßnahme allein wird nicht zum Ziel führen. Nur durch das Zusammenwirken vieler untereinander abgestimmter Maßnahmen, durch ein so genanntes „Strategienorchester" (Gold et al. 2001), kann Pflegenden und Ärzten, nicht nur, aber gerade im Intensivbereich, eine Unterstützung gegeben werden bei der Versorgung und Betreuung von Organ-Gewebespendern und deren Angehörigen, die sie für sie und für andere schwerkranke Menschen ausführen. „Dem Vertrauen, dass die Patienten mit ihren Angehörigen dem Personal beider Berufsgruppen in ihrer Hilflosigkeit entgegenbringen, indem sie sich in „ihre Hände" begeben, könnte somit in würdevoller Weise entsprochen werden."
(Müller 1999)

Literaturverzeichnis

1. Ajzen, I.: The theory of planned behavior. In: Organizational behavior and human decision process 50 (1991) 179-211
2. Alonso, M., Fernandez, R., Mataix, R., Rincon, M.D., Corrales, J.A., Burgos, R., Miranda, B.: Donor Action in Spain: A Program to Increase Organ donation. In: Transplantation Proceedings, 31, 1999, S. 1084-1085
3. Amir, M., Haskell, E.: Organ Donation: Who is Not Willing to Commit? Psychological Factors Influencing the Individual's Decision to Commit to Organ Donation After Death. In: International Journal of Behavioral Medicine, 4, 1997, S. 215-229
4. Arbeitskreis Organspende: Hirntod in der Diskussion. Die Kontroverse in Kirche und Politik 1995-1997, Neu-Isenburg, 1997
5. Arbeitskreis Organspende: Erklärung der Deutschen Bischofskonferenz und des Rates der Evangelischen Kirche in Deutschland, 1997
6. Arnscheid, R., Schomers, P.: Einstellung und Leistung in Gruppen: Eine Überprüfung der Theorie des geplanten Verhaltens bei Spielern der Basketball-Bundesliga. In: Zeitschrift für Sozialpsychologie, 1996, S. 61-69
7. Balck, F.: Die Beziehungen zwischen Einstellungen zur Organspende und zum Arztberuf bei Medizinstudenten. In: Künsebeck, H.-W., Muthny, F. A. (Hrsg.): Einstellungen zur Organspende und ihre klinische Relevanz. Pabst Science Publishers, 2000, S. 5-21
8. Basu, P. K., Hazariwala, K. M., Chipman, M. L.: Public attitudes toward donation of body parts, particulary the eye. In: Canadian Journal of Ophthalmology 24, 1989, S. 216-220
9. Bayerts, K.: Ethik, Tod und Technik. In: Ach, J.S., Quante M. (Hrsg.): Hirntod und Organverpflanzung, Ethische, medizinische, psychologische und rechtliche Aspekte der Transplantationsmedizin, Frommann-holzboog, Stuttgart – Bad Cannstatt, 1997, S. 75-99
10. Beasley, C. L., Blaustein, J. D.: The partnership for organ donation: a strategic approach to solving the organ donor shortage. In: Chapman, J., Deierhoi, M., Wight, C. (Hrsg.): Organ and tissue donation for transplantation, Arnold (member of the Hodder Headline Group), London, 1997, S. 389-399
11. Becker, K.: Die Herausforderung annehmen. Aufklärungsarbeit zur Organspende im internationalen Vergleich. Forschung und Praxis der Gesundheitsförderung, Bd. 9, BZgA, Köln 2000
12. Behrens, J., Müller, R.: Krankenhausarbeit als Gegenstand von Medizin, Soziologie und Arbeitswissenschaft, In: Deppe, H.-U., Friedrich, H., Müller, R. (Hrsg.), in: Jahrbuch Medizin und Gesellschaft 2, Frankfurt 1989: Campus, S.82-98

13. Behrens, J.: Evaluation of OHS as a system of incentives - a German example; in: Menckel, E., Westerholm, P. (Hrsg.): Evaluation in Occupational Health Practice, Butterworth-Heinemann, Oxford, 1999
14. Behrens, J.: Interventions in Supply and Demand Factors of Behavioural Chance Towards Outcome Management in Occupational Health Services. In: DRV-Schriften, Band 10, 1998, S. 587-589
15. Behrens, J., Rothgang, H.,: Hallesches Memorandum zur weitgehend ausgabenneutralen Reform der Pflegeversicherung. In: Zeitschrift für Sozialreform Heft 12/2000, 46. Jg. Wiesbaden
16. Behrens, J.: Rationierung als Ausflucht vor rationaler Allokation. Die Umdeutung von Rationierung in mangelnden Bedarf. In: Zeitschrift für Sozialreform Heft 6, 47. Jg., Chmielorz Wiesbaden, 2001
17. Them, C.; Behrens, J.: Comparison of frontal teaching vs. problem-oriented learning at the school of healthcare and nursing: nursing neurological patients. In: International Journal of Medical Informatics
18. Bierhoff, H. W.: Prosoziales Verhalten. In: Stroebe W., Hewstone M., Stephenson GM., (Hrsg.): Sozialpsychologie. Springer, Berlin, 1996, S. 395-420
19. Birnbacher, D.: Fünf Bedingungen für ein akzeptables Todeskriterium. In: Ach, J.S., Quante, M. (Hrsg.): Hirntod und Organverpflanzung, Ethische, medizinische, psychologische und rechtliche Aspekte der Transplantationsmedizin, Frommann-holzboog, Stuttgart – Bad-Canstatt, 1997, S. 49-74
20. Blok, G.A., van Dalen, J., Jager, K. J., Ryan, M., Wijnen, R., Wight, C., Morton, J.M., Morley, M., Cohen, B.: The European Donor Hospital Education Programme (EDHEP): addressing the training needs of doctors and nurses who break bad news, care for the bereaved, and request donation. In: Transplant International, 12, 1999, S. 161-167
21. Brown, R.: Beziehungen zwischen Gruppen. In: Stroebe W., Hewstone M., Stephenson GM., (Hrsg.): Sozialpsychologie. Berlin, Springer, 1996, S. 545-576
22. Bundesärztekammer: Richtlinie zur Organtransplantation gemäß § 16 Transplantationsgesetz. In: Deutsches Ärzteblatt 98, Heft 34-35, Aug. 2001
23. Bunzel, B., Smeritschnig, B.: Einstellungen und Bedenken zum Thema Organtransplantation – Eine Erhebung bei MedizinstudentInnen. In: Acta Chir.Austriaca, 2, 1999, S. 111-116
24. Burroughs, T. E., Hong, B. A., Kappel, D. F., Freedmann, B. K.: The stability of family decisions to consent or refuse organ donation: Would you do it again? In: Psychosomatic Medicine 60, 1998, S. 156-162
25. Bühl, A., Zöfel, P.: SPSS – Version 9. Einführung in die moderne Datenanalyse unter Windows. 6. Aufl., Addison-Wesley, München, Boston, San Francisco usw., 2000

26. Calne, Sir R.: Ethics in organ donation and transplantation: The position of the Transplantation Society (1996). In: Chapman, J., Deierhoi, M., Wight, C.(Hrsg.): Organ and Tissue Donation For Transplantation, Arnold, 1997, S. 62-68
27. Candidas, D: Aktuelles zur Transplantationsmedizin und Organspende. In: Schweizerische Ärztezeitung, 34, 1997, S. 1223-1226
28. Caraher, M.: Nursing and health education: victim blaming. In: British Journal of Nursing, 4, 1995, S. 1190-1213
29. Cerney, M.S.: Solving the organ donor shortage by meeting the bereaved family's needs. In: Critical Care Nurse, 13,1993, 32-36
30. Chagas, C. (ed.): 4. Pontificial Academy of sciences: Concluding document prolongation of life and the determination of the exact moment of death October 21, 1985). In: Pontificae Academiae Scientarum Scripta Varia, 60, 1986, S. 113-114
31. Charng, H., Piliavin, J. A., Callero, P. L.: Role identity and reasoned action in the prediction of repeated behavior. In: Social Psychology Quarter 1^Y, 4, 1988, S. 303-317
32. Cohen, B., Wight, C.: A European Perspective on Organ Procurement. In: Transplantation, Vol. 68, No.7, 1999, S. 985-990
33. Conner, M., Armitage, C. J.: Theory of planned behavior – A review and avenues for further research. In: Journal of Applied Social Psychologie, 28, 1998, S. 1429-1464
34. De Jong, W.: Requesting organ donation: An interview study of donor and nondonor families. In: American Journal of Critical Care, 7,1998, S. 13-23
35. De Vries, Kets: Cheftypen – Zwischen Charisma, Chaos, Erfolg und Versagen. Mosaik-Verlag München, 1990
36. Deutsche Stiftung Organtransplantation: Organspende und Transplantation in Deutschland, Jahresberichte 1998-2002
37. Dickens, B.M., Fluss, S.S., King, A.R.: Legislation on organ and tissue donation. In: Chapman, J., Deierhoi, M., Wight, C. (Hrsg.): Organ and Tissue Donation For Transplantation, Arnold, 1997, S. 95-119
38. Die Organspendebereitschaft in der Bundesrepublik Deutschland. Ergebnisse einer repräsentativen Bevölkerungsbefragung. Forsa Gesellschaft für Sozialforschung und statistische Analyse mbH., 1999 und 2000
39. Douglass, G.E., Daly, M.: Donor families' experience of organ donation. In: Anaesthesia and Intensive Care, 23,1995, S. 96-98
40. Eigler, W. F.: Organtransplantation – Routine oder Experiment? In: Ach, J.S., Quante, M. (Hrsg.): Hirntod und Organverpflanzung, Ethische, medizinische, psychologische und rechtliche Aspekte der Transplantationsmedizin, Frommann-holzboog, Stuttgart – Bad-Canstatt, 1997, S. 125-133
41. Engels, E.-M., Badura-Lotter, G., Schicktanz, S.: Neue Perspektiven der Transplantationsmedizin im interdisziplinären Dialog – Zur Einführung in Schwerpunkte der Diskussion. In: Engels, E.-M., Badura-Lotter, G., Schick-

tanz, S. (Hrsg.): Neue Perspektiven der Transplantationsmedizin im interdisziplinären Dialog, Nomos-Verlagsgesellschaft, Baden-Baden, 2000, S. 3-16
42. Fisch, R., Daniel, H.D.: Forschungsthemen der Sozialpsychologie. In: Frey, D. / Irle, M.: Theorien der Sozialpsychologie, Band 1: Kognitive Theorien. 3. Aufl., Hans-Huber-Verlag, 1993, S. 17-31
43. Fischer-Fröhlich, C. L., Eichmann, E., Kaesler-Heide, H., Kuli, M.: Consent to organ donation: Who should make the request? 9th Congress of the European Society for Organ Transplantation
44. Fischer-Fröhlich, C. L./ Kulil, M./ Käsler, H. / Smit, H.: Donor family support group: report of long-term experience after donation by donor families. In: Organs and Tissues 1, 1998, S. 47 – 48. Deutsch: Fischer-Fröhlich, C. L./ Kulil, M.: Das Spannungsfeld der Organspende: Erfahrungen von Angehörigen danach
45. Frey, D., Lütjen, R.: Gesundheit und Krankheit / Gesundheitspsychologie. In: Frey, D. / Irle, M.: Sozialpsychologie. Ein Handbuch in Schlüsselbegriffen. 3. Aufl., Beltz Psychologie Verlags-Union, 1994, S. 567-579
46. Frey, D., Stahlberg, D., Gollwitzer, P. M.: Einstellung und Verhalten: Die Theorie des überlegten Handelns und die Theorie des geplanten Verhaltens. In: Frey, D. / Irle, M. (Hrsg.): Theorien der Sozialpsychologie, Band 1: Kognitive Theorien. Hans-Huber-Verlag, Bern, 1993, S. 361-398
47. Frey, D.: Kognitive Theorien in der Sozialpsychologie. In: Frey, D. / Irle, M.(Hrsg): Sozialpsychologie. Ein Handbuch in Schlüsselbegriffen. 4. Aufl., Beltz Psychologie Verlagsunion, 1997, S. 50-67
48. Furger, F: Probleme der Transplantationsmedizin aus theologischer Sicht. In: Ach, J.S., Quante, M. (Hrsg.): Hirntod und Organverpflanzung, Ethische, medizinische, psychologische und rechtliche Aspekte der Transplantationsmedizin, frommann-holzboog, 1997, S. 101-106
49. Gesetz über die Spende, Entnahme und Übertragung von Organen – Transplantationsgesetz, 1997
50. Gibson, V.: The factors influencing organ donation: a review of the research. In: Journal Advanced Nursing 2, 1996, S. 353-356
51. Glaser, B. G., Strauss, A. L.: Betreuung von Sterbenden, Vandenhoeck & Ruprecht, Göttingen, Zürich, 1995
52. Gold, S., Schulz, K.-H., Koch, U.: Der Organspendeprozess: Ursachen des Organmangels und mögliche Lösungsansätze. Forschung und Praxis der Gesundheitsförderung, Bd. 13, BZgA, Köln 2001
53. Graumann, C.,F.: Geschichtliche Entwicklung der Sozialpsychologie. In: Frey, D. / Irle, M.: Sozialpsychologie. Ein Handbuch in Schlüsselbegriffen. Aufl., Beltz Psychologie Verlags-Union, 1994, S. 32-39
54. Greiner, W.: Ökonomische Evaluationen von Gesundheitsleistungen. Nomos-Verlagsgesellschaft, Baden-Baden, 1999
55. Gubernatis, G.: Tod als Verabredung – eine Provokation oder ein möglicher Weg zum gesellschaftlichen Konsens in der Hirntoddiskussion? In: Medizinische Klinik 91, 1996, S. 47-48

56. Gubernatis, G., Vogelsang, F., Basse, H., Smit, H.: Relevance of small hospitals for increasing donation rates. In: Transplantation Proceedings 29, 1997, S. 3091-3092
57. Gubernatis, G.: Organization of organ donation – concepts and experiences in Niedersachsen/Ostwestfalen. In: Nephrology Dialysis Transplantation 14, 1999, S. 2309-2314
58. Gubernatis, G., Schäfer, H., Blädke, L.: International certificate DIN EN ISO 9001 for organ donation and procurement organization – A high – level guarantee of quality and safety. In: Transplantation Proceedings 33, 2001, S. 942-947
59. Habgood, The Right Reverend Lord John, Antonio G. S., Sgreccia, E., Daar, A.S.: Religious views on organ and tissue donation. In: Chapman, J., Deierhoi, M., Wight, C. (Hrsg.): Organ and Tissue Donation for Transplantation, Arnold, 1997, S. 23-33
60. Hammer, C.: Xenotransplantation in Deutschland, ihre möglichen physiologischen und anatomischen Hindernisse. In: Engels, E.-M., Badura-Lotter, G., Schicktanz, S. (Hrsg.): Neue Perspektiven der Transplantationsmedizin im interdisziplinären Dialog, Nomos-Verlagsgesellschaft, Baden-Baden, 2000, S. 3-16
61. Hampel, E.: Lebensqualität als Bewertungskriterium in der Transplantationsmedizin. In: Ach, J.S., Quante, M. (Hrsg.): Hirntod und Organverpflanzung, Ethische, medizinische, psychologische und rechtliche Aspekte der Transplantationsmedizin, frommann-holzboog, 1997, S. 173-188
62. Herranz, G.: Ein Spezialfall: Der Gehirntod bei Schwangeren. In: Schwarz, M., Bonelli, J. (Hrsg.): Der Status des Hirntoten. Eine interdisziplinäre Analyse der Grenzen des Lebens. Springer-Verlag, Wien, 1995
63. Hübner, G., Six, B.: Einflussfaktoren auf die Bereitschaft zur Organspende. Projektbericht, 2002
64. Jonas, K., Doll, J.: Eine kritische Bewertung der Theorie überlegten Handelns und der Theorie geplanten Verhaltens. In: Zeitschrift für Sozialpsychologie, 1996, S. 18-31
65. Kent, B., Owens, R.: Conflicting attitudes to corneal and organ donation: a study of nurses' attitudes to organ donation. In: Intensiv Journal Nurs. Stud., 5, Vol. 32, 1995, S. 484-492
66. Kibert, M., Kibert, B.: Nursing attitudes toward organ donation, procurement and transplantation. In: Heart & Lung, 21, 1992, S. 106-111
67. Kuetz, U., Wehkamp, K.-H.: Zwischen Hirntod und Gesamttod. In: Erzeugung und Beendigung des Lebens? Das Menschenbild in der Medizin und seine Konsequenzen. In: Loccumer Protokolle, 63/94, 1995, S. 67-80
68. Künsebeck, H.-W., Wilhelm, U., Harborth, S.: Psychosoziale Einflussfaktoren von Einstellungen zur Organspende bei Personen mit und ohne medizinische Ausbildung. In: Künsebeck, H.-W., Muthny, F. A. (Hrsg.): Einstellun-

gen zur Organspende und ihre klinische Relevanz. Pabst Science Publishers, Lengerich, Berlin, Riga usw., 2000, S. 37-54
69. Laederach-Hofmann, K., Isenschmid-Gerster, B.: Wissen, Einstellungen und Bedenken von Studierenden der Medizin gegenüber der Organtransplantation: Resultate einer Fragebogenerhebung im ersten Studienjahr. In: Schweizerische Medizinische Wochenschrift, 128, 1998, S. 1840-1849
70. Lauchert, W.: Organmangel und Allokationsprobleme vaskularisierter Organe aus der praxisnahen Perspektive. In: Engels, E.-M., Badura-Lotter, G., Schicktanz, S. (Hrsg.): Neue Perspektiven der Transplantationsmedizin im interdisziplinären Dialog, Nomos-Verlagsgesellschaft, Baden-Baden, 2000, S. 17-25
71. Löw-Friedrich, I., Schöppe, F.-W.: Transplantation. Grundlagen, Klinik, Ethik und Recht. Wissenschaftliche Buchgesellschaft, Darmstadt, 1996
72. Manstead, A., Semin, G.: Methoden der Sozialpsychologie auf dem Prüfstand. In: Stroebe W., Hewstone M., Stephenson GM., (Hrsg.): Sozialpsychologie. Springer, Berlin, 1996, S. 79-111
73. Matesanz, R., Miranda, B.: The Spanish experience in organ donation. In: Chapman, J., Deierhoi, M., Wight, C. (Hrsg.): Organ and Tissue Donation For Transplantation, Arnold, 1997, S. 361-372
74. Mayer, J.G.: Zeichen und Zeitpunkt des Todes – Ein medizinhistorischer Streifzug durch die einschlägige Literatur. In: Höglinger, U., Kleinert, S. (Hrsg.): Hirntod und Organtransplantation. de Gryter, Berlin; New York, 1998, S. 1-16
75. McConnell, J.R.: The ambiguity about death in Japan: an ethical implication for organ procurement. In: Journal of Medical Ethics, Vol. 25, 1999, S. 322-324
76. Meier, D., Schulz, K.-H., Clausen, C., Rogiers, X.: Effects of an educational segment concerning organ donation. In: Transplantation Proceedings, 32, 1999, S. 62-63
77. Muthny, F.A.: Das Gespräch mit den Angehörigen plötzlich Verstorbener als ethische Aufgabe und wichtigste Voraussetzung für die postmortale Organspende. In: Ach, J.S., Quante, M. (Hrsg.): Hirntod und Organverpflanzung, Ethische, medizinische, psychologische und rechtliche Aspekte der Transplantationsmedizin, frommann-holzboog, 1997, S. 107- 121
78. Muthny, F.A., Schweidtmann, W.: Einstellungen zu Hirntoddefinition, Organspende und Transplantation – Ergebnisse einer empirischen Untersuchung mit Ärzten. In: Künsebeck, H.-W., Muthny, F. A. (Hrsg.): Einstellungen zur Organspende und ihre klinische Relevanz. Pabst Science Publishers, 2000, S. 55-67
79. Müller, J.: Die Betreuung von Toten, Aspekte des pflegerischen und ärztlichen Selbstverständnisses bei Explantation und Transplantation (Diplomarbeit, unveröffentlicht) 1999, Auszeichnung mit dem Anerkennungspreis im Rahmen des Fuldaer Förderpreises für Pflegewissenschaften 2000

80. Müller, J.: Qualitätsmanagement im Bereich der Gewebetransplantation. Vortrag im Rahmen eines Workshops bei der Tagung der Deutschen Transplantationsgesellschaft DTG, Heidelberg, 2001
81. Müller, J.: Die Verbindung des Organ- und Gewebemangels in Deutschland mit einem Qualitätsmanagementsystem – Ein Beitrag zur gesamtgesellschaftlichen Aufgabe, etwas gegen den bestehenden Organ- und Gewebemangel zu tun, April 2002. Originalarbeit lag der Forschungsgemeinschaft Qualität e.V. – FQS, Frankfurt a.M. vor (unveröffentlicht)
82. Müller, J.: Einstellungen von Pflegenden und Ärzten zweier Kliniken und verschiedener Intensivstationen zur eigenen postmortalen Organspende. Internationale Pflegekonferenz Olmütz, 2002 (Tschechien), Vydala Grada Publishing a.s., Prag
83. Müller, J.: Einstellungen von Pflegenden und Ärzten zur Organ- und Gewebespende und Transplantation, Vortrag im Rahmen des 2. Evaluationsseminars der Fachhochschule Fulda, 2002
84. Müller, J., Behrens, J.: Einstellungen von Pflegenden und Ärzten zweier Kliniken und verschiedener Intensivstationen zur eigenen postmortalen Organspende und ihre Bereitschaft, sich im eigenen Krankheitsfall ein Spenderorgan/ -gewebe transplantieren zu lassen. 6. Pflegesymposium des AKTX-Pflege (Arbeitskreis Transplantation), Pabst Science Publishers, Lengerich, 2002, S. 20-36
85. Müller, J., Behrens, J.: Die postmortale Organspende von Ärzten und Pflegenden im Intensivbereich in Verbindung zum Hirntod. Posterpräsentation zum DIVI 2002-Kongress (6. Deutscher Interdisziplinärer Kongress für Intensiv- und Notfallmedizin), In: Intensivmedizin und Notfallmedizin, Band 39,1, Steinkopff Verlag, 2002
86. Müller, J., Behrens, J.: Die Betreuung von Toten: Aspekte des pflegerischen und ärztlichen Selbstverständnisses bei Explantation und Transplantation. In: Oduncu, F.S., Schroth, U., Vossenkuhl, W. (Hrsg.): Organtransplantation, Organgewinnung und – verteilung, Perspektiven. Medizin – Ethik – Recht, Band 2, Vandenhoeck & Ruprecht, Göttingen, Zürich, 2003
87. Oduncu, F.: Anenzephale Neugeborene als Organlieferer? In: Der Tierschutzbeauftragte 3, 1998, S. 272-276
88. Paschen, U.: Menschliches Versagen? Bemerkungen zum Umgang mit unerwünschten Ereignissen, Medizinische Qualitätssicherung, elektronische post, Beiträge zur Guten Praxis in Medizin und Wissenschaft, 2001
89. Pearson, I.Y., Bazeley, P. Spencer-Plane, T., Chapman, J.R., Robertson, P.: A survey of families of brain death patients: Their experiences, attitudes to organ donation and transplantation. In: Anaesthesia and Intensive Care, 23, 1995, S. 88-95
90. Pelletier, M.: The organ donor family members perception of stressful situation during the organ donation experience. In: Journal of Advanced Nursing, 17, 1992, S. 90-97

91. Pence, G.E.: The Case of Baby Theresa. In: ders. (Hrsg.): Classic Cases in Medical ethics, New York: McGraw-Hill, 2. Aufl., S. 327-335
92. Pichelmayer, R.: Möglichkeiten und Probleme der Organtransplantation. In: Arzt und Christ, Jhrg. 35, 3, 1989, S. 129-136
93. Pius XII.: Enciclical Letter ‚Casti Connubi'. In: Acta Apostolicae Sedis. Vatikan City, 22, 1930, S. 565
94. Pius XII: To the delegates of the Italian Association of Cornea Donors and the Italian Union for the Blind (May 14, 1965). In: Acta Apostolica Sedis. Vatikan City, 48, 1965, S. 462-465
95. Plies, K., Schmidt, P.: Intension = Verhalten? Eine repräsentative Längsschnittstudie zur Überprüfung der Theorie des geplanten Verhaltens im Kontext der AIDS-Prävention (Universität Giessen, Inst. für angewandte und empirische Sozialforschung, ZUMA Mannheim). In: Zeitschrift für Sozialpsychologie 27, 1996, S. 70-80
96. Radecki, C.M., Jaccard, J.: Psychological Aspects of Organ Donation: A Critical review and Synthesis of Individual and Next-of-Kin Donation Decisions. In: Health Psychology, Vol. 16, No. 2, 1997, S. 183-195
97. Richtlinie zur Organtransplantation gemäß § 16 Transplantationsgesetz „Anforderungen an die im Zusammenhang mit einer Organentnahme und – übertragung erforderlichen Maßnahmen zur Qualitätssicherung", Beschluss des Vorstandes der Bundesärztekammer vom April 2001, veröffentlicht im Deutschen Ärzteblatt 98, Heft 34-35, 2001
98. Schäffler, A., Menche, N., Bazlen, U., Kommerell, T. (Hrsg.): Pflege heute. Gustav Fischer Verlag, Stuttgart, Jena, Lübeck, Ulm, 1998
99. Schmidt, K.W.: Ethische Problemfelder der Organtransplantation. In: Engels, E.-M., Badura-Lotter, G., Schicktanz, S.(Hrsg.): Neue Perspektiven der Transplantationsmedizin im interdisziplinären Dialog, Nomos-Verlag, 2000, S. 35-55
100. Schneider, J.F.: Beobachtung von Gruppenprozessen. In: Frey, D. / Irle, M.: Sozialpsychologie. Ein Handbuch in Schlüsselbegriffen. 3. Aufl., Beltz Psychologie Verlags-Union, 1994, S. 381-385
101. Schröder, K. (Hrsg.): Organtransplantation – Für Pflegepersonal in der Anästhesie-, Intensiv- und OP-Pflege. Thieme-Verlag, Stuttgart, 2000
102. Schünemann, H.: Die Rechte am menschlichen Körper. Reihe Recht & Medizin, Bd. 10, Verlag Peter Lang GmbH, Ffm, 1985
103. Sekretariat der Deutschen Bischofskonferenz und Kirchenamt der Evangelischen Kirche in Deutschland (Hrsg.): Organtransplantationen: Erklärung der Deutschen Bischofskonferenz und des Rates der Evangelischen Kirche in Deutschland. Sonderdruck des Arbeitskreises Organspende, 3. Aufl., Neu-Isenburg, 1997
104. Six, B., Eckes, T.: Metaanalysen in der Einstellungs – Verhaltens – Forschung. In: Zeitschrift für Sozialpsychologie, 1996, S. 7-17

105. Smith, K.L., Braslow, J.B.: Public attitudes toward organ and tissue donation. In: Chapman, J., Deierhoi, M., Wight, C. (Hrsg.): Organ and Tissue Donation For Transplantation, Arnold, 1997, S. 34-45
106. Stahlberg, D., Frey, D.: Das Elaboration – Likelihood - Modell von Petty und Cacioppo. In: Frey, D / Irle, M.(Hrsg.): Theorien der Sozialpsychologie, Band 1: Kognitive Theorien. Hans-Huber-Verlag, Bern, 1993, S. 327-359
107. Strenge, H., Laederach-Hofmann, K., Bunzel, B., Smeritschnig, B.: Einstellungen zur Organtransplantation bei Medizinstudenten in Deutschland, Österreich und der Schweiz. In: Künsebeck, H.-W., Muthny, F. A. (Hrsg.): Einstellungen zur Organspende und ihre klinische Relevanz. Pabst Science Publishers, Lengerich, Berlin, Riga usw., 2000, S. 22-36
108. Thomas, H.: Sind Hirntote Lebende ohne Hirnfunktionen oder Tote mit erhaltenen Körperfunktionen? In: Ethik der Medizin, Bd. 6, 4, 1994, S. 189-207
109. Topp, S., Kaufmann, P.-M., Pollok, J.-M., Rogiers, X.: Tissue Engineering – Der Patient als Spender seiner neuen Organe. In: Engels, E.-M., Badura-Lotter, G., Schicktanz, S. (Hrsg.): Neue Perspektiven der Transplantationsmedizin im interdisziplinären Dialog, Nomos-Verlagsgesellschaft, Baden-Baden, 2000, S. 119-130
110. Weber, F., Canbay, A. E.: Attitudes of physicians and nursing staff members toward organ donation in an urban area of germany. In: Transplantation Proceedings 31, 1999, S. 2179-2180
111. Wiesing, U.: Organmangel und Allokationsprobleme aus ethischer Perspektive. In: Engels, E.-M., Badura-Lotter, G., Schicktanz, S. (Hrsg.): Neue Perspektiven der Transplantationsmedizin im interdisziplinären Dialog, Nomos-Verlagsgesellschaft, Baden-Baden, 2000, S. 26-34
112. Wight, C., Cohen, B., Roels, L., Miranda, B.: Donor Action: A Quality assurance program for intensive care units that increases organ donation. In: Journal of Intensive Care Medicine 15, 2000, S.104-114
113. Wilke, H., Knippenberg, A. van: Gruppenleistung. In: Stroebe W., Hewstone M., Stephenson GM., (Hrsg.): Sozialpsychologie. Berlin, Springer, 1996, S. 455-502
114. Windels-Buhr, D.: Organspende und Krankenpflege. Ein Widerspruch? In: Greinert, R., Wuttke, G. (Hrsg.): Organspende. Kritische Ansichten zur Transplantationsmedizin. Lamuv-Verlag, Göttingen, 1991, S. 76-83
115. Wolf, Z.R.: Nurses' experiences giving post-mortem care to patients who have donated organs: A phenomenological study. In: Transplantation Proceedings, Vol. 22, Nr. 3, 1990, S. 1019-1020

Anhang 1: Fragebogen

Einstellung / Allgemeine Spendebereitschaft

1. Welchen Stellenwert hat das Thema Organspende / Transplantation in Ihrem Berufsalltag?

   hoch   niedrig

   ☐   ☐   ☐   ☐   ☐

2. Und was glauben Sie, wie viel Beachtung in unserer Gesellschaft der Thematik Organspende / Transplantation geschenkt wird?

   ausreichende   zu wenig
   Beachtung   Beachtung

   ☐   ☐   ☐   ☐   ☐

3. Haben Sie sich für sich selbst mit dem Thema Organspende / Transplantation auseinandergesetzt?
   ja ....☐
   nein ....☐

4. Halten Sie Organverpflanzungen ganz allgemein gesehen für sinnvoll und richtig?
   ja ....☐
   nein ....☐

5. Wären Sie bereit, sich im Falle einer einschlägigen Erkrankung Organe transplantieren zu lassen?

	ja, würde ich mir transplantieren lassen	nein, würde ich mir nicht transplantieren lassen
Herz	☐	☐
Lunge	☐	☐
Niere	☐	☐
Leber	☐	☐
Pankreas	☐	☐
Cornea	☐	☐

6. Sind Sie bereit, nach Ihrem Tod Organe zu spenden?
   ja, nur bestimmte Organe ....☐ ⇨ weiter mit Frage 6.2.
   ja, gleichgültig welche Organe ....☐ ⇨ weiter mit Frage 7.
   nein ....☐ ⇨ weiter mit Frage 6.1.
   weiß nicht ....☐ ⇨ weiter mit Frage 10.

6.1. Warum lehnen Sie eine Organspende für sich ab?
   Sie können mehrere Möglichkeiten ankreuzen.
   aus medizinischen Gründen .... ☐
   aus emotionalen Gründen .... ☐
   aus religiösen Gründen .... ☐
   aus ethischen Gründen .... ☐
   aus sonstigen Gründen, bitte notieren Sie

6.2. Welche Organe sind Sie bereit zu spenden?

	ja, zur Spende bereit	nein, zur Spende nicht bereit
Herz	❏	❏
Lunge	❏	❏
Niere	❏	❏
Leber	❏	❏
Pankreas	❏	❏
Cornea	❏	❏

7. Haben Sie Ihre Entscheidung in einem Organspendeausweis dokumentiert?
ja ❏
nein ❏

8. Ist Ihre Entscheidung bzgl. der Explantation und Transplantation von Organen endgültig oder ist ihr Entscheidungsprozess noch nicht abgeschlossen?
Bitte kreuzen Sie nur ein Kästchen an.
Entscheidung ist endgültig ❏
Entscheidungsprozess ist noch nicht abgeschlossen, weil
➔ mir Informationen fehlen ❏
➔ ich unsicher bei meinen Entscheidungen bin ❏
➔ ich weiß, dass er situationsabhängig ist ❏

9. Haben Sie Ihrem nächsten Angehörigen Ihre Entscheidung mitgeteilt?
ja ❏
nein, habe noch nicht daran gedacht ❏
nein, halte ich nicht für nötig ❏

10. Laut Transplantationsgesetz besteht im Organspendeausweis die Möglichkeit, die Entscheidung auf Angehörige zu übertragen. Wollen Sie Ihren Angehörigen die Entscheidung über eine Organspende nach Ihrem Tod übertragen oder möchten Sie Ihnen diese Entscheidung lieber abnehmen?
Entscheidung möchte ich selbst treffen ❏
Entscheidung sollen meine Angehörigen treffen ❏
habe noch nicht darüber nachgedacht ❏

11. Stellen Sie sich vor, Sie selbst würden im Falle des Todes einer Ihrer Angehörigen um eine Entscheidung gebeten. Wie würden Sie entscheiden? (Anm.: Im Originalfragebogen ist die Frage differenziert worden, es sollen hier nur die Antwortvorgaben gezeigt werden)

bei Ihrem Partner / Eltern
Geschwistern / Kindern
ja, würde einer Explantation zustimmen ❏
nein, würde eine Explantation ablehnen ❏
weiß nicht ❏

12. An welchen der unten aufgeführten Bereiche denken Sie am ehesten, wenn es um das Thema Organspende/Transplantation geht? Bitte kreuzen Sie bis maximal 5 Bereiche an.
Überleben ❏ Tod ❏ Organhandel ❏
Hilfe für andere ❏ Hirntod ❏ Explantation ❏
Therapiemöglichkeiten ❏ Arbeitsbelastung ❏ Transplantation ❏
Unfall ❏ Bereicherung der Ärzte ❏

13. Fehlen Ihnen Aspekte, die Ihnen in diesem Zusammenhang wichtig sind, die aber in Frage 12 nicht aufgeführt sind?

Umgang mit Angehörigen

14. Wie oft haben Sie schon Hirntote und Organspender betreut oder behandelt?
- einmal ☐
- 2-5 mal ☐
- 6-10 mal ☐
- öfter als 10 mal ☐
- noch nicht ☐

15. Wie häufig haben Sie bereits Angehörigen den Tod von Verwandten mitgeteilt?
- noch nie ☐
- 1-5 mal ☐
- 6-10 mal ☐
- öfter als 10 mal ☐
- betrifft mich nicht, ☐
- ist nicht meine Aufgabe ☐

16. Und wie häufig haben Sie bereits Angehörigen den Hirntod von Verwandten mitgeteilt?
- noch nie ☐
- 1-5 mal ☐
- 6-10 mal ☐
- öfter als 10 mal ☐
- betrifft mich nicht, ☐
- ist nicht meine Aufgabe ☐

17. Wie häufig haben Sie bisher Angehörige um eine Einwilligung für eine Organspende gebeten?
- noch nie ☐
- 1-5 mal ☐
- 6-10 mal ☐
- öfter als 10 mal ☐
- betrifft mich nicht, ☐
- ist nicht meine Aufgabe ☐

18. Fällt Ihnen mit zunehmender Berufserfahrung die Bitte um Organspende leichter?
- ja ☐
- nein ☐
- fällt nicht in meinen Aufgabenbereich ☐

19. Fällt Ihnen, ganz allgemein gesagt, die Kommunikation, der Umgang mit den Angehörigen potenzieller Organspender mit zunehmender Berufserfahrung leichter?
- ja ☐
- nein ☐

20. Bedeutet die Betreuung und Versorgung von Hirntoten und Organspendern eine besondere Belastung für Sie?
- immer ☐ ⇨ weiter mit Frage 20.1.
- meistens ☐ ⇨ weiter mit Frage 20.1.
- manchmal ☐ ⇨ weiter mit Frage 20.1.
- nie ☐ ⇨ weiter mit Frage 22.

20.1. Können Sie mit wenigen Worten sagen, was für Sie eine besondere Belastung bedeutet?

21. Nimmt für Sie mit zunehmender Berufserfahrung Ihre Belastung bei der Betreuung von Hirntoten und Organspendern ab?
- ja, durchgehend ☐ ⇨ weiter mit Frage 21.1.
- ja, teilweise ☐ ⇨ weiter mit Frage 21.1.
- nein ☐ ⇨ weiter mit Frage 22.

21.1. Was wird für Sie einfacher?

22. Es gibt unterschiedliche Aspekte, die die Angehörigen beeinflussen können, wenn sie um eine Entscheidung zur Organspende gebeten werden.
Kreuzen Sie bitte bei jedem Aspekt an, wie wichtig dieser Ihrer Meinung nach für Angehörige ist, wenn sie um eine Entscheidung gebeten werden.

	wichtig				nicht wichtig
	1	2	3	4	5
der Krankheitsverlauf des Patienten	☐	☐	☐	☐	☐
die pflegerische Betreuung des Patienten	☐	☐	☐	☐	☐
die medizinische Versorgung des Patienten	☐	☐	☐	☐	☐
das Vertrauen, dass Angehörige zum Stationspersonal aufbauen	☐	☐	☐	☐	☐
die Informiertheit der Angehörigen	☐	☐	☐	☐	☐
den Umgang, den die Angehörigen selbst erfahren	☐	☐	☐	☐	☐
der organisatorische Stationsablauf	☐	☐	☐	☐	☐

sonstiges, bitte notieren Sie

23. Bitte erinnern Sie sich, als Sie das erste Mal um eine Organspende baten. Erwarteten Sie damals, dass Angehörige der Bitte um Organspende
    eher entsprechen würden ....☐   weiß ich nicht mehr ....☐
    eher nicht entsprechen würden ....☐   betrifft mich nicht ....☐

24. Und wenn Sie heute um eine Organspende bitten, erwarten Sie dann, dass Angehörige der Bitte
    eher entsprechen ....☐
    eher nicht entsprechen ....☐
    betrifft mich nicht ....☐

25. Nicht alle Hirntoten werden dem zuständigen Transplantationszentrum gemeldet. Woran könnte das Ihrer Meinung nach liegen?
Kreuzen Sie bitte die Ihrer Meinung nach wichtigsten und zweitwichtigsten Gründe an.

	wichtigste Gründe	zweitwichtigste Gründe
personelle Gründe	☐	☐
medizinische Gründe	☐	☐
organisatorische Gründe	☐	☐
Vermeidung der Belastung der Angehörigen	☐	☐
fehlendes Verständnis der Angehörigen	☐	☐

sonstige Gründe, bitte notieren Sie

26. Könnten Sie sich vorstellen zu zögern, einen Hirntoten zu melden, um Gespräche mit den Angehörigen zu vermeiden?
    ja ....☐
    nein ....☐
    habe keine Hirntoten zu melden ....☐

27. Die Deutsche Stiftung Organtransplantation (DSO) bietet ein Seminar an für Ärzte und Pflegende zum Umgang mit trauernden Angehörigen.
Dieses E.D.H.E.P.-Seminar (European Donor Hospital Education Programme) ist eine Initiative der Eurotransplant Foundation und soll Unterstützung im Kommunikationsprozess mit den trauernden Angehörigen sein. Halten Sie es sinnvoll für sich, an einem solchen Seminar teilzunehmen?
    eher ja ....☐
    eher nein ....☐

28. **Welche unterstützenden Maßnahmen wünschen Sie sich für Ihren Arbeitsbereich, um den Umgang mit Hirntoten und Organspendern und dessen Angehörigen besser bewältigen zu können?** Hier können Sie mehrere Kästchen ankreuzen.
   wünsche mir mehr Zeit für Gespräche im Team .... ☐
   wünsche mir Gespräche mit Fachpersonal aus dem Haus .... ☐
   wünsche mir Gespräche mit Fachpersonal von außerhalb (Supervision) .... ☐
   wünsche mir mehr Informationen über transplantierte Patienten .... ☐
   brauche keine zusätzlichen Maßnahmen .... ☐
   sonstiges, bitte notieren Sie

29. **Wie häufig bekommen Sie nach der Betreuung und Versorgung eines Organspenders Resultate der Transplantationen mitgeteilt?**
   immer ....☐   manchmal ....☐
   häufig ....☐   nie ....☐
   selten ....☐

30. **Wer teilt Ihnen normalerweise die Resultate mit?**
   Stationsarzt ....☐
   Stationsschwester ....☐
   Transplantationskoordinator ....☐
   bekomme keine Informationen,
   informiere mich über Kollegen selbst ....☐

Informationsbeschaffung

31. **Aus welchen Institutionen bzw. Medien informieren Sie sich normalerweise zum Thema Organspende / Transplantation?**
   Hörfunk ....☐   Gesundheitsämter ....☐
   Fernsehen ....☐   Krankenkassen ....☐
   Tageszeitungen ....☐   Gespräche mit Kollegen ....☐
   Fort-/Weiterbildungen ☐   Ausbildungseinrichtungen ....☐
   Fachzeitschriften ....☐   Ansprechpartner in med. Einrichtungen.....☐
   sonstigen, bitte notieren Sie

32. **Fühlen Sie sich über das Thema Organspende / Transplantation ausreichend informiert?**
   ja .... ☐ ⇨ weiter mit Frage 34.
   nein .... ☐ ⇩

33. **Zu welchen Bereichen wünschen Sie sich mehr Informationen?**
   Sie können mehrere Kästchen ankreuzen.
   medizinischer Aspekt .... ☐
   ethischer Aspekt .... ☐
   rechtlicher Aspekt (TPG) .... ☐
   Kommunikationshilfen zum Umgang mit Angehörigen .... ☐
   sonstiges, bitte notieren Sie

34. **Haben Sie in Ihrem Bekanntenkreis schon über die Thematik Organspende / Transplantation gesprochen?**
   ja, nur am Rande .... ☐
   ja, ausführlich .... ☐
   nein, habe noch nicht darüber gesprochen .... ☐

"Hirntod wird definiert als Zustand der irreversibel erloschenen Gesamtfunktion des Großhirns, des Kleinhirns und des Hirnstamms. Dabei wird durch kontrollierte Beatmung die Herz-Kreislauffunktion noch künstlich aufrechterhalten. ( ) Mit dem Hirntod ist naturwissenschaftlich-medizinisch der Tod des Menschen festgestellt."
(Stellungnahme des Wissenschaftlichen Beirates der BÄK, Kriterien des Hirntodes, Dt. Ärzteblatt, 9. Mai 1997, Jahrgang 94)

Hirntod-Diagnose

Voraussetzungen	Klinische Untersuchungen	Irreversibilitätsnachweis	
		Ergänzende apparative Untersuchung	Beobachtungszeiten
	UND	**UND**	**ODER**
keine anderen Ursachen	Koma	1. Ausfall der bioelektrischen Aktivität	primär supratentorielle Schädigung 12 Std.
		1.1. 0-Linien-EEG	
	Hirnstamm-Areflexie	1.2. erloschene FAEP	Kleinkinder 24 Std.
		1.3. erloschene SEP	
akute Hirnschädigung			Neugeborene 72 Std.
		2. zerebraler Zirkulationsstillstand	sekundäre Hirnschädigung 72 Std.
	Apnoe-Test	2.1. Doppler-Untersuchung	
		2.2. Perfusionsszintigrafie	
		2.3. Angiografie	

↓ ↓

Diagnose des Hirntodes

35. Sind Ihnen die Kriterien zur Feststellung des Hirntodes bekannt?
   ja, alle ....☐
   nur manche ....☐
   gar keine ....☐

36. Halten Sie die Kriterien für ausreichend zur Todesfeststellung?
   ja ....☐ ⇨ weiter mit Frage 38.
   nein ....☐ ⇩

37. Teilen Sie die Meinung, dass der Hirntod der Tod des Menschen ist?
   nein, aus medizinischen Gründen ....☐
   nein, aus religiösen Gründen ....☐
   nein, aus ethischen Gründen ....☐
   nein, aus sonstigen Gründen

38. § 5 des Transplantationsgesetzes schreibt vor, dass zwei unabhängige Ärzte den Hirntod feststellen und dokumentieren müssen. Halten Sie das für ausreichend?
   ja ....☐
   nein ....☐

39. Was kann man Ihrer Meinung nach tun, um den Mangel an Spenderorganen zu verringern?

Sozialdemografische Angaben

40. Zu welcher Berufsgruppe gehören Sie?
Schwester / Pfleger .... ☐
Ärztin / Arzt .... ☐

41. Wie lange haben Sie Berufserfahrung als Arzt oder Pflegeperson?
unter 1 Jahr .... ☐
1-unter 2 Jahren .... ☐
2-unter 5 Jahren .... ☐
5-unter 10 Jahren .... ☐
mehr als 10 Jahre .... ☐

42. In welcher Fachabteilung sind Sie tätig?
Anästhesie OP .... ☐
Anästhesie Intensivstation .... ☐
Neurochirurgie OP .... ☐
Neurochirurgie Intensivstation .... ☐
interdisziplinäre Intensivstation .... ☐

43. Wie alt sind Sie?
< 20 Jahre .... ☐
20-29 Jahre .... ☐
30-39 Jahre .... ☐
40-49 Jahre .... ☐
> 50 Jahre .... ☐

44. Ihr Geschlecht?
weiblich .... ☐
männlich .... ☐

45. Ihre Religionszugehörigkeit?
keine .... ☐
römisch / katholisch ..☐
evangelisch .... ☐
sonstige, bitte notieren Sie

46. Welche Medien nutzen Sie am meisten für aktuelle Informationen zum Tagesgeschehen?
Kreuzen Sie bitte die für Sie zwei wichtigsten Medien an.
Hörfunk .... ☐
Fernsehen .... ☐
Tageszeitung .... ☐
Wochenzeitung ...... ☐
sonstige, bitte notieren Sie

Anhang 2: Antworten der Studienteilnehmer auf offene Fragen

Die folgenden aufgeführten Antworten sind alle Zitate der Studienteilnehmer.

Frage 6.1.: Warum lehnen Sie eine Organspende für sich ab?

Klinik A Pflegepersonal

aus sonstigen Gründen:
1. Erfahrungen über den Umgang mit entnommenen Organen

Klinik A Ärzte

aus sonstigen Gründen:
1. Die Investitionen in die Organspende sollten in andere medizinische Bereiche gehen.
2. kein verantwortlicher Umgang der Ärzte mit der Hirntoddiagnostik
3. Die Organspende, so wie ich sie erlebe, ist ein eiskaltes, finanziell gesteuertes Geschäft.
   Der Mensch / Organ verkommt zum Bankkonto.
4. Solche Explantationen haben etwas von „Leichenfledderei".

Klinik B Pflegepersonal   keine Angaben
Klinik B Ärzte   keine Angaben

Frage 13: Fehlen Ihnen Aspekte, die Ihnen in diesem Zusammenhang wichtig sind, die aber in Frage 12 nicht aufgeführt sind?

Klinik A Pflegepersonal

1. Hilfe für Angehörige von Organspendern (Selbsthilfegruppen etc.)
2. Information und Aufklärung der Angehörigen
3. psychische Belastung des Pflegepersonals
   Ethik
   Umgang mit Angehörigen
4. Patientenerfahrungen, z. B gut 50% der herztransplantierten Pat. würde diesen Eingriff nicht noch mal machen lassen (eigene Erfahrungen bei Pat.-gesprächen bei Endomyokard-Biopsien der THG)
5. Menschlichkeit, Wahrung der Menschenwürde eines Sterbenden

6. psychische Betreuung der Angehörigen des Explantierten
psychische Betreuung der Angehörigen des Transplantierten bzw. des Patienten selbst
7. Skrupellosigkeit
menschliche Tragödie
Hektik
8. Aufklärung und Vorbereitung der Angehörigen des Spenders sowie Aufklärung und Vorbereitung des Empfängers
9. Altersbegrenzung für Empfänger
finanzielle Belastung der Solidargemeinschaft
10. Trauer, Schmerz u. Verzweiflung der Angehörigen des in Frage kommenden Spenders
11. Belastung für die Angehörigen
12. Kosten – Nutzen – Faktor,
Angehörigenbegleitung,
nicht einheitliches Vorgehen, dadurch Unsicherheit

Klinik A Ärzte

1. Entscheidungskonflikte
2. Missbrauch
3. würdige Explantation, Totenehrung nach Explantation, Verantwortung für den Toten,
Aufgabenteilung vor der Explantation,
Qualitätssicherung der Explantation und Transplantation
4. die ethisch-moralische Haltung der mit der Organspende befassten Ärzteschaft
5. Lebensqualität erhöhen für Transplantierte
6. Macht-, Prestige-, Selbstdarstellungsbedürfnis einzelner Ärzte (z.B. Lungentransplantationen in F.)
kritiklose Spender / Empfängerauswahl (Transplantation um der Transplantation willen)
7. Beschäftigung mit Sterben und Tod zu Lebzeiten
8. gesellschaftliche Aufklärung
9. enormer finanzieller und logistischer Aufwand, in Zukunft möglich für alle?
– nur für die, die es bezahlen können?
10. z.T. unwürdiger, pietätloser Umgang, insbesondere nach der Organentnahme mit der Leiche
Aus eigener Erfahrung weiß ich, dass, selbst wenn die Angehörigen in die Organspende eingewilligt haben, diese nach der Organentnahme alleine gelassen werden, von Zweifeln über die Richtigkeit ihrer Entscheidung gequält
➔ = schlechtes Image der Organspende

11. Auseinandersetzungen mit Angehörigen,
    Missmanagement,
    Transplantationsgier der verantwortlichen Operateure
    Transplantation / Explantation findet meist außerhalb der regulären Arbeitszeit statt, d.h. nachts oder am Wochenende ➔ Überstunden (Bezahlung fraglich)
12. Qualifikation der transplantierenden Zentren,
    Qualitätskontrolle über Transplantationen

Klinik B Pflegepersonal

1. Gesundheitserziehung
2. Forschung, Weiterentwicklung, Herstellung künstl. Organe, Technik
3. Unsicherheit, in wieweit gespendetes Organ zum Einsatz kommt, ob das gespendete Organ abgestoßen wird
4. Umgang mit Organspendern und Angehörigen, Ethik, Menschenwürde
5. Seele
6. Angst – Trauer – Hoffnung – Entscheidung
7. Angehörige des Unfallopfers / Todesopfers psychische Betreuung
8. psych. Belastung

Klinik B Ärzte

1. Angehörigen den Hirntod der Pat. mitteilen und gleichzeitig nach Organspende fragen
2. die Modalitäten <u>vor</u> Eintritt eines Todes sind in Deutschland politisch unzureichend geklärt, z. Bsp. ➔ völliger Ausschluss von Organhandel o. Bestechung in diesem Zusammenhang (kein Import aus „Billigländern")
   ➔ ein fehlendes Gesetz, dass JEDEN vorher (egal, ob potentieller Spender oder Empfänger) mit der Problematik konfrontiert
   ➔ „ethischer Konsens" über Beginn Hirntod fehlt
3. s. dort, die Diskussion in der Gesellschaft hat bisher zu wenig reifen Entscheidungen geführt,
   die Gesetzgebung erscheint zu wenig kompetent

Frage 20.1.: Können Sie mit wenigen Worten sagen, was für Sie eine besondere Belastung bedeutet?

Klinik A Pflegepersonal

1. die Betreuung eines toten Menschen bis zur Explantation,
   emotionale Belastung, oft betrifft es junge Menschen
2. mehr Arbeit,
   Arbeit an einem „Toten" (Arbeit umsonst ?! z.B.)
3. schlecht aufgeklärte Angehörige
4. die Art und Weise, wie die Vorbereitung zur Explantation abläuft und die Nachsorge nach der Explantation
5. Die Belastung besteht hierbei eher für mich in der Betreuung der Angehörigen.
   Ich komme mir dann hilflos vor, weil ich das Bedürfnis habe, Trost zu spenden und weiß nicht, ob's so was in so einem Moment überhaupt gibt.
   mangelnde Kommunikation
6. Mitgefühl – Trauer der Angehörigen
7. oft sehr schwer, Kreislauf stabil zu halten,
   Die Pflege wird unangenehmer ➜ Geruchsbildung.
   Nach der Explantation ➜ Transport zur Leichenhalle ist bedeutend belastender als bei Patienten, die nach dem Tod, nach 2 Std., zur Leichenhalle transportiert werden.
8. das oft sehr junge Alter von Hirntoten,
   Umgang mit den Angehörigen,
   das Auftreten von spinalen Reflexen
9. psychische Belastung steigt,
   Umgang mit Angehörigen,
   plötzlich irreversibles Ereignis
10. Schicksalsschlag für die Hinterbliebenen,
    Identifikation mit den Angehörigen; wenn man selber Familie hat, denkt man anders, sensibler
11. Umgang mit der menschlichen Tragödie,
    Fragestellung über die korrekte Feststellung des Todes (Unsicherheit über die Entscheidung ➜ evtl. vorschnell)
    emotionsloser Umgang bes. von Seiten der Ärzte
12. Umgang und Betreuung der Angehörigen,
    die Pflege des betreffenden Patienten (der betreffenden Patientin) vor der Hirntodfeststellung und vor allem nachdem der Hirntod festgestellt wurde.
13. Die Angehörigen zu betreuen und dabei immer wieder erklären zu müssen, dass der Kreislauf, die EKG-Aufzeichnung auf dem Monitor und die Atembewegungen des Thorax maschinell bedingt sind und keine Eigenaktivität ist.
14. die emotionale Bindung durch die längere Betreuung der Patienten,
    das Alter, da doch oft sehr junge Patienten

15. Mehrarbeit mit Organspendern als mit Hirntoten, die abgestellt werden.
    psychisches Begleiten / Hineinversetzen in die Angehörigen,
    psychisch Organspender sehen als einen eigenen Angehörigen (Ehefrau, Kinder)
16. Der Patient ist tot und sein Körper sollte auch Ruhe haben als Ganzes.
    Mich stört, dass man diesen Körper explantiert, obwohl damit neues Leben geschenkt werden kann.
17. Pflege eines Toten ist unbefriedigend,
    bedeutet Konfrontation auf längere Sicht (2-5 Tage) mit dem Tod direkt (vor allem bei jungen Patienten),
    Umgang mit den Angehörigen
18. nein, das ist situationsabhängig
19. Pflege und Umgang mit dem hirntoten Patienten,
    Pflege nach Standard ?
20. Umgang mit den Angehörigen und z. T. das Gefühl zu haben, einen „lebenden Toten" zu pflegen
21. ja, denn die Versorgung der Organe, die gespendet werden sollen, muss optimal sein.
    psychische Belastung – Auseinandersetzung mit dem Tod,
    Angehörigenbetreuung
22. Umgang mit Angehörigen
23. oft sind diese jungen Patienten „unschuldig" am Unfallgeschehen,
    Angehörige sehr verzweifelt, zwiegespalten, „unwissend"
24. Ich stelle mir vor, wie ich in dieser Situation als Angehöriger handeln soll, wie man das verstehen soll.
25. psychischer Stress
26. Kommunikation mit Angehörigen (einfühlsam, dadurch auch Anteilnahme),
    psychische Belastung
27. psychisch: in Grenzbereiche vorzustoßen
    physisch: körperliche Erschöpfung
    ➜ beides ist nicht unbedingt trennbar!
28. Umgang mit den Angehörigen,
    wenn sich die Pflege über längere Zeit erstreckt
29. wenn ich den Hirntoten noch mehrere Tage pflegen muss, bis er explantiert wird.
    Umgang mit den Angehörigen
30. mangelnde persönliche Akzeptanz des Hirntodes als Tod des Menschen,
    Angehörigenbetreuung zu sachlich, kühler Umgang mit den Patienten und Angehörigen durch betreuendes Personal ➜ teilweise Team und besonders behandelnde Ärzte, die unzureichende Beziehung zu Angehörigen aufbauen.
    (Ausklammern der emotionalen Ebene)

Klinik A Ärzte

1. organisatorisch und emotional
2. Sicherstellung der medizinischen Parameter,
   abwehren voreiliger Informationen und Interessen,
   Gespräche mit Pflegepersonal und Kollegen
3. Gespräch mit Angehörigen
   Erhaltung von Organen in einem toten Körper bzw. Menschen
4. ethische Belastung,
   Arbeitsbelastung,
   Druck / Misstrauen der Angehörigen
5. Mitleiden, Mitfühlen im Gespräch mit den Angehörigen
6. junge Patienten
7. Das Gespräch mit den Angehörigen findet sofort nach dem Eintreten des Hirntodes statt, d.h. zu einem Zeitpunkt, an dem die Eltern nicht frei entscheiden können. Dies führt oft zu emotionalen Entladungen.
8. Während der akuten Trauerphase um einen geliebten Menschen „diese" Frage zu stellen, wo der Mensch seelisch sich auf einer komplett anderen Ebene befindet!
9. Konflikt zwischen nichts mehr für den Patienten tun zu können und gleichzeitig von den Angehörigen Entscheidung zu fordern,
   korrekte Diagnostik und Protokollierung des Hirntodes
10. Gesprächsführung mit Angehörigen,
    Organisation ohne konkrete Ansprechpartner,
    kein angemessener Raum für Gesprächsführung,
11. häufig junge Patienten, nicht selten jünger als man selbst ist
12. lange wiederholte Konfrontation mit einem Toten, der noch alle Zeichen des Lebens zeigt,
    Skurilität der Diskrepanz zwischen Würde des Sterbens und hochtechnisierter Therapieatmosphäre / gilt jedoch nicht nur für Organspender
13. einen Toten bis zur Explantation behandeln zu müssen,
    die Explantation, z. T. entwürdigend für den Toten ➔ Der Tote ist nicht Mensch, sondern Ersatzteillager für andere.
14. willkürliche Festlegung des Zeitpunktes des Therapieendes.
    Gespräch mit Angehörigen: Erläuterung des Übergangs von Koma / künstlicher Schlaf zu Hirntod
    im OP: Abstellen des Beatmungsgerätes während der Explantation
15. zusätzliche Arbeitsbelastung,
    Zeitstress
    Organisationsdruck
16. große Belastung, Angehörigen gegenüber zu treten,
    Explantation kommt einem manchmal vor wie „Leichenfledderei"
17. der Kontakt / Gespräche / Trauer der Angehörigen

18. ein „Verhältnis / emotionale Bindung", die zu dem Patienten aufgebaut wird
    – trägt den unumkehrbaren Ausgang in sich
19. Therapie eines bereits verstorbenen Menschen,
    meistens jüngere, sonst gesunde Menschen
20. medizinisch: häufig anspruchsvoll
    organisatorisch: meistens aufwendig
    emotional: abhängig von Art und Dauer der Vorbehandlung und der Intensität der eingegangenen Arzt – Patienten – Beziehung
21. oft junge Menschen, die durch Unfall zum Organspender werden, der Begriff „Spenderkonditionierung" zeigt schon, dass die Fortsetzung der Therapie nichts mehr mit dem ursprünglichen Behandlungsauftrag zu tun hat.
22. der psychisch – geschickte / optimale Umgang / Zugang mit den Angehörigen,
    mit dem Hirntoten / Spender aufgrund meines religiösen Glaubens keine
23. meist junge Menschen, die abrupt aus einem komplexen sozialen Netz (insbesondere Familie, Kinder ..) gerissen werden.
24. das zuwenig würdevolle Vorgehen,
    das nicht alle Beteiligten an einem Strang ziehen
25. das aktive Beenden der Herz-Kreislauf-Funktion und damit die Entgültigkeit einer Entscheidung.
26. sich selbst und anderen Menschen (Angehörigen) klar zu machen, dass ein funktionsfähiger Körper künstlich „am Leben" gehalten wird, die Hirnfunktion aber irreversibel verloren ist („nach außen sieht doch alles gut aus")
27. maximale Therapie bei minimaler Chance
    hohe logistische Anforderungen in kurzem Zeitraum
28. es sind die fragenden Augen, die hilflose Angst der Angehörigen.
    das Warum, da es meist junge Menschen sind.
29. als Verantwortlicher / behandelnder Arzt den Tod / Hirntod eines anderen Menschen feststellen zu müssen.
30. die Trauer der Angehörigen
31. Trauer der Angehörigen,
    Verstümmelung der Hirntoten
32. Umgang mit Tod,
    Angehörigen des Verstorbenen,
    Auseinandersetzung mit dem eigenen Leben / Tod.
33. den Angehörigen durch die Konfrontation mit der Frage nach einer Organspende eine zusätzliche Belastung aufzubürden; sie haben mit der Trauerarbeit genug zu tun.
34. Die Multiorganentnahme erinnert mich an das Ausschlachten eines alten Autos.
    der Schmerz der Angehörigen um die – meist jungen Patienten, ihre Schwierigkeiten zu verstehen, dass ein Mensch tot ist, dessen Herz noch schlägt etc.

35. oft junge Patienten,
    der „Tod" eines „lebenden", d.h. (be-)atmenden Patienten,
    Umgang mit Angehörigen
36. der Umgang mit den Angehörigen des Verstorbenen.
    der Umgang mit implantierenden Ärzten und
    der Stellenwert, den Transplantation bei dieser Ärztegruppe hat
    (Erreichen ehrgeiziger Ziele / Statistikaufbesserung usw.)
37. meistens junge Spender
38. emotionaler Stress mit z. B. Körperbild unversehrter hirntoter Patienten im jüngeren Alter

Klinik B Pflegepersonal

1. es liegt ein Mensch im Bett, der äußerlich kaum eine Schramme hat, an den Überlebensmaschinen hängt, aber tot ist
2. Kinder und junge Menschen
3. den Hirntoten noch am Leben zu erhalten und zu pflegen → Menschlichkeit!
4. Tod im Allgemeinen, Vorstellung, wenn einem so etwas im Familienkreis passiert, Vorstellung an sich, die ein Toter bei Angehörigen erweckt, Betroffenheit, Trauer
5. Umgang mit den Angehörigen
6. Hilflosigkeit
7. bei jungen Leuten (Altersaspekt), bei Rohheitsdelikten, Pat., die man irgendwie ins Herz geschlossen hat („unfair)
8. die psych. Betreuung der Angehörigen
9. wenn es sich um sehr junge Menschen handelt
10. wenn es um Kinder geht
11. verrichten von Tätigkeiten am Pat. mit der Gewissheit, dass dieser hirntot ist
    ⇨ soll ich mit dem Pat. sprechen
    (z. Bsp.: „Ich creme Sie ein." Oder „Ich scheue in Ihre Augen.")?
    junge Pat. (Unfälle),
    die Angehörigen,
    Wissen über das Leben von den Betroffenen
12. psychische Komponente
13. Patienten jüngeren Alters, Unfallopfer
14. nein
15. Mitleid mit Angehörigen
    besonders junge Menschen / gleiches Alter
16. Pflege von hirntoten Pat. (Warum?)
    Reaktionen von Angehörigen (weinen, schreien, Entsetzen)
17. Trauer der Angehörigen,
    je jünger die Patienten, umso schlimmer
18. die Umstände, unter denen ein Pat. hirntot ist und deren Angehörige

19. Kinder
20. wenn es um jüngere Patienten geht!
21. der Umgang mit den Angehörigen
22. gerade bei Kindern überfällt mich eine tiefe Traurigkeit
23. Pflege eines schon toten Patienten,
    das Hoffen der Angehörigen
24. das meist plötzliche Leid für die Angehörigen,
    das in meinem Arbeitsbereich immer Kinder betroffen sind
25. Umgang mit Trauer, Verzweiflung der Angehörigen
    Ohnmachtgefühl als Pflegender, keine Hilfe anbieten zu können,
26. Ein hirntoter Patient, welcher weiterbeatmet wird!
    Angehörige von hirntoten Patienten, bes. Kinder!
27. Vergleich des Patienten mit Kind oder Angehörigem
28. Umgang mit den Angehörigen,
    Mein Kind lebt noch, es atmet, es ist warm ...
29. wenn man den Patienten schon länger kennt bzw. ihn als gesunden Menschen kennt
30. Wie lange wird Patient maschinell am Leben erhalten?
    Gefühl, ihm nicht mehr helfen zu können.
31. psychische Belastung
    Schwierigkeiten der Kommunikation mit Angehörigen
32. seelische Belastung der Angehörigen,
    Unnahbarkeit der Angehörigen zur Umwelt

Klinik B Ärzte

1. abhängig von individueller Situation der Patienten und Angehörigen
2. Aufrechterhaltung des Kreislauf, Blut- und Plasmapräparate über lange Zeitspannen
3. oft junge Unfallopfer, wo die Prognose als infaust bekannt ist, aber (noch) nicht alle Zeichen des Hirntodes vorliegen → man weiß, dass man nichts kausales mehr tun kann, die Therapie läuft aber weiter
4. häufig sinnlos
5. Betreuung der trauernden Angehörigen

6. Umgang mit Angehörigen (Eltern)
7. Grenzsituationen des Lebens allgemein und des ärztlichen Handelns

Frage 21.1.: Was wird für Sie einfacher?

Klinik A Pflegepersonal

1. wenn die Situation geklärter ist, „man" sich besser kennt, „Ohnmacht" der Angehörigen kennt, einzuschätzen weiß
2. Ich baue einen Eigenschutz auf, um die Belastung nicht mit nach Hause zu nehmen.
3. das Akzeptieren der vorgegebenen Situation, der reine Arbeitsablauf
4. wichtige Faktoren der Organversorgung und ihre Handhabung
5. die Akzeptanz des Hirntodes
6. durch die Routine stumpft man ein bisschen ab
7. Routine, allgemeine Vorbereitung, Erhaltung des Patienten
8. wenn man die Betreuung des Patienten nicht verlängert und so den emotionalen Aspekt ausblendet
9. die „Routineversorgung" von dem Verstorbenen
10. der Ablauf wird geläufiger, man baut einen Schutzmantel auf
11. der Umgang mit den Angehörigen, da die Pflege und die Therapie bei hirntoten Patienten ähnlich gehandhabt wird, bekommt man mehr Routine.
12. In gewisser Weise bin ich mit zunehmender Berufserfahrung dem Patienten gegenüber „abgestumpft". Ich mache mir um den Organspender an sich wenig Gedanken.
13. die pflegerische Betreuung des Patienten, der Umgang mit den Angehörigen (nicht immer)
14. Routine
15. zeitweise Verdrängung der Situation, Wiederaufarbeitung durch Gespräche mit Teammitgliedern, teilweise auch mit Partner, „verschieben" auf eine rein „sachliche Ebene"

Klinik A Ärzte

1. die Formulierung „der Frage" sowie das Antasten an den Angehörigen, der z.Zt. trauert, ohne diesen allzu nahe zu treten.
2. emotionale Beteiligung wird geringer
3. Abbau der eigenen Unsicherheit
4. Organisation wird einfacher
5. Die Betroffenheit nimmt mit der Routine je nach Situation ab.
6. kann ich nicht sagen, da mir Erfahrung fehlt
7. Routineverfahren zur Hirntodfeststellung (Hirntodprotokoll) und die Vorbereitungen zur Explantation
8. Routine der Arbeitsabläufe

9. Management – Organisation
10. mehr Routine,
    der Kontakt zu Patient und Angehörigen ist häufiger indirekt
11. das medizinische Management
12. medizinische Beurteilung,
    „bürokratische" Abwicklung
13. die medizinisch-organisatorische Seite durch zuvor gemachte Erfahrungen / Fehler
    die emotionale (Seite, d.V.) durch Abstumpfung / Selbstsicherheit
14. der Ablauf, Ausgang ist mir nicht mehr unbekannt – dies nimmt Ängste und sorgt für eine gewisse Routine = Sicherheit
15. durch Gewöhnung bzw. „emotionales Abstumpfen" wird im Prinzip alles (20.1.) einfacher
16. innere Distanz
    zunehmende Routine

Klinik B Pflegepersonal

1. Vereinzelt lässt man gewisse Schicksale zu sehr an sich ran. Geht jetzt aber schon besser.
2. mit der Art des Todes umzugehen
3. ist oft schon in den Arbeitsbereich einge... (nicht lesbar), wird zu Routine
4. teilw. Gewöhnung an diese Situation,
   es ist Routine, Alltag, gehört einfach mit zu meiner Arbeit
5. der Umgang mit Sterben und Tod – soweit man das „einfacher" nennen kann
6. technische Aspekte der Pflege
7. den Tod zu akzeptieren

Klinik B Ärzte

1. kann mich zunehmend mit den Fakten einer infausten Prognose abfinden, sehe den pos. Effekt einer evtl. Organspende
2. Verdrängung
3. Routine in den organisatorischen Abläufen, generell:
   selten = eher schwierig; häufig = leichter

Frage 22.: Es gibt unterschiedliche Aspekte, die die Angehörigen beeinflussen können, wenn sie um eine Entscheidung zur Organspende gebeten werden.

Klinik A Pflegepersonal

1. flexible Besuchszeiten,
   Personal sollte Ruhe ausstrahlen, keine Hektik verbreiten
2. Meinung des Spenders, die er den Angehörigen mitgeteilt hat
   eigene Meinung der Angehörigen zum Thema Organspende
   ehrlicher Umgang mit den Angehörigen
3. Angehörige miteinbezogensein in den Gesamtverlauf,
   gute Angehörigenführung
4. Betreuung der Angehörigen
5. Angehörige müssen für sich wissen, dass alles für den Patienten getan worden ist,
   maximale Therapie, alles voll ausgeschöpft, bestes Ärzteteam.
6. den richtigen Rahmen und qualifizierte Auskunft, Informationen,
   keine Hektik
   kein Drängen
   nicht telephonisch und nicht zwischen Tür und Angel
7. die für Angehörige erkennbare Kompetenz bzw. Betreuung der Ärzte
   Ort des Aufklärungsgesprächs

Klinik A Ärzte

1. Erklärung pro und contra Organspende,
   Zeit und würdiger Raum für Gespräch!
   besondere Intensiveinheit bis Todesprotokoll,
   keine Koppelung (gleicher Raum) Organspender und Intensivpatient
2. Abstimmung aller Beteiligten
3. religiöse Aspekte,
   zuvor getroffene Entscheidung und erfolgte Reflexion zum Thema
4. Vorinformation durch die Medien
5. ob es den Ärzten gelingt, eine vertrauensvolle Beziehung zu den Angehörigen aufzubauen
6. Erfahrung / Erfahrenheit des professionellen Gesprächspartners,
   psychologisches Geschick,
   Zeit für das Gespräch,
   Kontinuität (gleicher Gesprächspartner, wenn von Angehörigen gewünscht)
   bei Rückfragen /
   Gespräche auf Raten

Klinik B Pflegepersonal

1. Aspekte: Plötzlichkeit des Ereignisses
   psycholog. Betreuung der Angehörigen
   Verhältnis Arzt → Angehöriger (immer derselbe Arzt)
2. evtl. infauste Prognose, muss immer wieder erklärt sein, wenige Angehörige können den Hirntod verstehen/akzeptieren
3. Das emotionale Geschick, das der behandelnde Arzt bei der Bitte um Organspende an den Tag legt.
4. Zeitfaktor: Mitteilung über Hirntod zeitgleich mit Frage nach Organen, durch den Schock wird meistens abgelehnt
5. professionelle Betreuung und Beratung (auch aus dem psychischen Bereich)

Klinik B Ärzte

1. weiterhin wichtig: Art der Fragestellung nach Organspende (Gesprächsführung),
   Zeitpunkt der Fragestellung

Frage 25: *Nicht alle Hirntoten werden dem zuständigen Transplantationszentrum gemeldet. Woran könnte das Ihrer Meinung nach liegen?*

Klinik A Pflegepersonal

1. alte Patienten,
   „kranke"(moribunde) Patienten
2. persönliche Einstellung der vor Ort verantwortlichen Personen
3. Desinteresse des Teams,
   kein Zugang zum Transplantationszentrum,
   interne Zwistigkeiten,
   Fehler – Schuldgefühl der Mediziner,
   Feigheit Angehörigen gegenüber
4. fehlende Information des Arztes
5. mangelnde Aufklärung der Gesellschaft
   Tabuisierung der Thematik
6. Angehörige lehnen Transplantation ab (vorbestehende Meinung)

Klink A Ärzte

1. fehlende Motivation von Mitarbeitern,
   erschreckende Erfahrung nach Erleben einer Explantation,
   fehlende würdige Bedingungen für Toten und Situation nach Explantation
2. innerklinische Differenzen
3. Nachlässigkeit verantwortlicher oder betreuender Ärzte von Hirntoten

Klinik B Pflegepersonal   keine Angaben
Klinik B Ärzte   keine Angaben

Frage 28:   *Welche unterstützenden Maßnahmen wünschen Sie sich für Ihren Arbeitsbereich, um den Umgang mit Hirntoten und Organspendern und dessen Angehörigen besser bewältigen zu können?*

Klinik A Pflegepersonal

1. wünsche mir mehr Übereinstimmung von ärztlicher Seite in Bezug auf „sinnvoll, Befürwortung der Explantation usw."
2. angemessener Raum für Angehörige, um die Situation zu verarbeiten
3. interne Klärung, dass das Thema Organspende nicht nur ärztlicherseits den Angehörigen nahe gebracht werden darf
4. keine überflüssigen „Streitereien" innerhalb des Hauses (Intensiv/Anästhesie/OP etc.)
5. Supervision auch im größeren Rahmen, sollte alle behandelnden Personen mit einbeziehen

Klinik A Ärzte

1. geschultes Team (sog. Spezialeinheit)
   Entscheidungsträger gleicher Stufe
   Besprechung organisatorischer Abläufe und Manöver
   Kritik, Entkrampfung bei Kompetenzfragen
   <u>keine</u> telephonischen Aktionen, Innere/NCH
2. wünsche mir einen besseren organisatorischen Rahmen (Raum mit Sitzgelegenheiten)
3. mehr Zeit / Räumlichkeiten für Gespräche mit Angehörigen
4. ehrlichere Beurteilung der Lebensqualität Transplantierter und
   ehrlichere Aufklärung zu transplantierender Patienten
5. bessere Absprache der behandelnden Disziplinen untereinander z.B. Anästhesie / Neurochirurgie etc.
6. mehr Information für Angehörige <u>vor</u> dem Gespräch mit Pflegekraft / Arzt

Klinik B Pflegepersonal keine Angaben
Klinik B Ärzte keine Angaben

Frage 39: Was kann man Ihrer Meinung nach tun, um den Mangel an Spenderorganen zu verringern?

Klinik A Pflegepersonal

1. Thematik öfters in den Medien diskutieren, vielleicht Patienten vorstellen, die eine Transplantation gut überstanden haben, Öffentlichkeit besser aufklären
2. mehr Information
   unnötige Transplantationen bei infaustem Krankheitsbild (zum Zwecke der Wissenschaft)
   menschlicherer Umgang mit Angehörigen von Seiten der Ärzte
3. versuchen zu erreichen, dass man sich zu Lebzeiten Gedanken darüber macht (Gespräche,
   Gesetzgebung),
   seriöse Aufklärung,
   Ausklammerung von finanziellen Aspekten
4. großflächige Information
5. Mehr Aufklärung der Öffentlichkeit, bevor der Hirntod eintritt, damit die Leute sich damit auseinandersetzen können.
   bessere und genauere Aufklärung der Angehörigen
6. gewissenhafte Aufklärung, auch in den Medien und nicht erst im Spätprogramm
7. mehr Öffentlichkeitsarbeit
   schlechten Einfluss über Medien verringern, z.B. der Film „Fleisch" ist absolut abschreckend
8. Betreibung von mehr und ausführlicher Information und Aufklärung über das Thema Organspende
9. noch mehr Aufklärung (z.b. Fernsehen),
   Transplantationsgesetz für Deutschland ➜ in Österreich ist jeder potentieller Organspender
10. mehr Information in der Öffentlichkeit zu dem Thema, evtl. Pflichteintrag im Personalausweis
11. mehr Aufklärung und sozusagen „Werbung" mit positiven Berichten und Kommentaren in Zeitung und Fernsehen über organtransplantierte Patienten und deren jetzigen Leben
12. suspekte Sendungen, in denen hirntote Patienten wieder gesund werden, vermeiden,
    Tod als normalen Ablauf des Lebens sehen
13. mehr Aufklärung und Information

14. bessere Aufklärung der Bevölkerung über Hirntod und Transplantationen gesetzliche Regelungen, d.h. jeder ist potentieller Organspender – außer er verweigert zu Lebzeiten schriftlich
psychologische Betreuung der Angehörigen im Krankenhaus und vor allem danach
bessere Kontrolle über Krankenhäuser, Chefärzte etc., damit sich nicht andere an dem Leid anderer bereichern
15. Information ➔ Hirntod
Veröffentlichung von Krankheitsverläufen, bei denen eine Transplantation zur Genesung beigetragen hat.
16. mehr Aufklärung
bessere Empfängerauswahl, Risikoempfänger ausschließen z.B. Alkoholiker. Nur gesunde Organe sollten transplantiert werden (z.B. keine Tu-Lunge od. sonstige von vornherein bekannte Erkrankungen in der Anamnese)
17. bessere Aufklärung der Öffentlichkeit
gute Betreuung der Angehörigen
18. Bewusstsein der Menschen wecken
mehr Aufklärungsarbeit
ethische Fragen klären
19. Es sollte eine Tabuisierung der Thematik nicht weitergetrieben werden; negative Meldungen (Organhandel) sind selten objektiv. Die Informationen über Organspende müssten eine „normale Form" annehmen, keine Sensationsgier! Hierbei sind in erster Linie die Medien angesprochen. Eine fundierte Aufklärung in objektiver Hinsicht ist mehr als eine Sensationspresse!
20. bessere Aufklärung der Bevölkerung, mehr Öffentlichkeitsarbeit
21. Organempfänger sollten mehr auf ihre Situation im Vorfeld der Transplantation aufmerksam machen ➔ erhöht Verständnis und somit Spendebereitschaft
22. jd.(jeder, d.V.) wird ab Geburt zur Organspende verpflichtet
23. eine Art Verpflichtung, sich mit dem 18. Lebensjahr (Volljährigkeit) mit diesem Thema auseinander zusetzen und sich dann schriftlich für oder gegen eine Organspende auszusprechen,
Diese können sie selbst widerrufen, Angehörige nicht.
24. Widerspruchslösung einführen ➔ Spendermenge wird erhöht
Eintrag im Personalausweis, der Bürger muss sich für 20 Jahre bzw. lebenslang festlegen ob er Spender sein möchte, natürlich können nur Spender auch Empfänger sein ➔ Empfängermenge wird reduziert
25. Regelungen wie in Österreich, jedoch mit der Möglichkeit, eine Verweigerung vorher festzulegen (wie Organspendeausweis, nur andersrum)
26. besseres Empfängerscreening
Akzeptanz des Lebensendes, wenn mein Körper versagt
gute Gesundheitsfür und -vorsorge

27.z. B den Angehörigen die Beerdigungskosten zu erstatten (Neben). Ich finde es nicht richtig, dass Angehörige vollkommen im Unklaren gelassen werden, wenn es um die Kosten geht.
Was an einzelnen Organen verdient wird, wissen sicher nur wenige. Warum sollten gerade die Unfallopfer, sprich Hirntoten, keine Kostenerstattung bekommen, wenn sie bereit sind, z.b. eine Niere zu explantieren (explantieren zu lassen, d. V.)
28. ein unabhängiges Transplantationsteam im Hause zu haben, das sich um alle anfallenden Organisationsfragen kümmert und neutral ist
29. Vertauen schaffen

Klinik A Ärzte

1. Information
2. bessere Aufklärung
Podiumsgespräche mit Juristen, Ärzten, Theologen (nicht nur christliche Vertreter)
Einbeziehung von jungen Ärzten
Spenderausweise, unbürokratische Abwicklung
3. Aufklärung
4. absolute Notwendigkeit und Nutzen der Organspende deutlicher hervorheben (z.B. in Medien) und
die Diskrepanzen in den verschiedenen Fachgruppen (Med./Ethik usw.) so gering wie möglich halten
5. bessere Aufklärung und klare Gesetze
perfekte Organisation
professionelle Patientenbetreuung und Angehörigenbetreuung
6. mehr Information
7. mehr öffentliche Aufklärung zur Steigerung der Bereitschaft
8. organisierte Öffentlichkeitsarbeit mit zunächst Bearbeitung des Themas „TOD" (ist ein Zustand. bzw. ein Begriff, der streng gemieden wird), danach aufbauend (sprich nach Übergang von der Verdrängung in das Bewusstsein) Aufklärungsgespräche über Organspende
9. bessere Aufklärung von med. Personal, Angehörigen und Bevölkerung
10. mehr Öffentlichkeitsarbeit.
Mit dem Problem wird sich erst beschäftigt, wenn es einen selbst oder einen Angehörigen betrifft.
11. Die Bereitschaft zur Organspende sollte vom potentiellen Spender bereits zu Lebzeiten festgelegt und durch das Gesetz rechtlich abgesichert werden. Damit würde man sich die emotionalen Probleme der Angehörigen, die erstmals mit einer solchen Problematik konfrontiert werden, ersparen.

12. Gesetz: primär jeder Organspender, Ausnahme durch vorherige ... (nicht lesbar)
    Misstrauen und Angst kann man den Menschen auch durch die ausführlichste Aufklärung nicht nehmen
13. emotionalen Entscheidungsraum von Angehörigen durch Fakten begrenzen
    ➔ keine Entscheidung von Angehörigen „aus dem Bauch"!
14. mehr öffentliche Aufklärung
    Ich halte die erweiterte Zustimmungslösung in der BRD für gut, bin aus ethischen Gründen (Selbstbestimmung und Würde des Sterbens) gegen eine Ablehnungsregelung wie in Österreich.
    Organmangel bleibt derzeit Schicksal.
15. den Nutzen der Organspende deutlicher machen,
    das Misstrauen gegen eine reguläre Hirntoddiagnostik abbauen
16. mehr Aufklärung bzw. Information über öffentliche Medien
17. mehr Aufklärung in der Bevölkerung
18. Aufklärung, öffentliche Diskussion
19. Verringerung der Kommerzialität und bessere Aufklärung
20. vermehrte Aufklärung der Bevölkerung
21. mehr Information und Aufklärung,
    Änderung der gesetzlichen Grundlagen, z B. Widerspruchsrecht gegen Organentnahme
22. weitere Verbesserung des Kenntnis- und Informationsstandes innerhalb des med. Personals und der gesamten Bevölkerung; jeweils angepasst (ob medizinisch vorgebildet oder nicht)
23. bessere Aufklärung der Bevölkerung, transparentere Gesetzgebung
24. Gesetze schaffen (siehe Österreich), somit bekommt man wenigstens genügend Spender, vor allem jene, die vom Prinzip her nicht dagegen sind, aber zu gemütlich, um sich dieser Frage zu stellen
25. konsequente Aufklärungsmaßnahmen / vor allem Fernsehen
26. mehr Info's innerhalb der Ärzteschaft und der Öffentlichkeit
27. weitere Aufklärung
28. In den Medien wird der Organempfang sehr intensiv behandelt - die Prozedur der Organentnahme, einschließlich Tod, Hirntod, Hirntoddiagnostik, Trauer – kurz: die Spenderseite mit ihren Problemen – kommt zu kurz, und damit sind viele Angehörige nicht vorbereitet, eine Entscheidung für eine Organspende zu treffen.
29. mehr Aufklärung über Medien, Hervorhebung von positiven Beispielen (= transplantierte Pat. vorstellen),
    Angst vor Handel / Ausschlachten von Organen / Patienten nehmen,
    Organisationen besser vorstellen
30. breite Aufklärung der Bevölkerung,
    Transplantationsbeauftragte an jedes Krankenhaus
31. mehr öffentliche Diskussion in den Medien
    mehr Spendebeauftragte, Werbung (drastisch!)

32. Informationen
33. Aufklärung der Bevölkerung,
    Änderung der gesetzlichen Bestimmungen
    härteres Durchgreifen beim Organhandel
34. Alles vermeiden, was Transplantationsmedizin in den Verdacht der Unseriosität bringen könnte,
    d.h. Vorsicht beim Umgang mit zweifelhaften Medien (z.b. Sensationspresse und –rundfunk),
    Verzicht auf hochtrabende Selbstdarstellung der Transplantierenden,
    würdevolleren Umgang mit den Organspendern
35. Vermehrt Aufklärungsarbeit leisten, um bes. die Angst als „Organlieferant" ausgeschlachtet zu werden und dies als nicht Toter zu erleben, zu nehmen adäquate, psychologische Betreuung von Angehörigen Hirntoter
36. Information / Enttabuisierung
37. bessere Aufklärung in den Medien und Transparenz bezüglich der Entscheidungskriterien, welche Kategorie von Patienten vordringlich transplantierte Organe erhalten
    Diskussion des Hirntodes als Tod des Menschen
38. noch mehr Aufklärung der Bevölkerung
39. ständige Überzeugungsarbeit leisten
40. Fortbildung der mit Angehörigen sprechenden Personen (psycholog./ethisch),
    (schwierig) Ent-Tabuisierung des Themas Tod in der Gesellschaft
41. die Ärzteschaft moralisch zu forsten.
42. das Vertrauen der Menschen in die Medizin und zu den Ärzten/innen zurückgewinnen,
    irrationale Ängste gezielt aufgreifen und ansprechen.
43. transparentere Hirntoddiagnostik (Angehörige hier besser mit einbinden)
44. öster. Modell: Alle Toten sind potentielle Spender, außer der Verstorbene hat zu Lebzeiten abgelehnt o. deren Angeh.
45. Meines Erachtens ist der überwiegende Teil der potentiellen Spender ohne Spenderausweis zu einer Spende bereit; die Gesetzeslage sollte dahingehend geändert werden, dass jeder potentielle Spender ohne Spenderausweis als Organspender gilt. Wer dagegen ist, müsste aktiv werden und einen ausdrücklichen Nichtspenderausweis mit sich führen. Anders ist der Lethargie der Menschen nicht beizukommen. In Ausnahmefällen, wie z.B. Kindern, müssen die nächsten Angehörigen – wie auch aktuell Standard – eine Entscheidung treffen.
46. Es sollte nicht die Einwilligung zu Lebzeiten verlangt werden, sondern die ausdrückliche Verweigerung der Entnahme. Dies ist bereits in anderen (Ländern?) solcher Art geregelt. Es sollte zur bürgerlichen Pflicht erklärt werden mit der Möglichkeit zur Verweigerung. Dadurch entfielen auch die Diskussionen mit den Angehörigen.

47. Altersbegrenzung der Empfänger ähnlich dem englischen Modell, mehr Informationsfluss zwischen den KH (Krankenhäusern, d. V.), gesetzliche Änderung zur Transplantation, es sei denn, es wird def. schriftlich dagegen gesprochen.
48. verantwortungsvollerer Umgang mit Spendern, Spenderorganen und Empfängern
49. Weiß ich nicht.
50. Man sollte nichts tun.

Klinik B Pflegepersonal

1. Information
2. durch viele Fernsehserien wird das Thema in Misskredit gebracht, dabei wird das Thema Organspende völlig verzerrt dargestellt,
    mehr und ausführliche Aufklärung (vielleicht schon in Schulen?!)
3. bessere Aufklärung
    Gesundheitserziehung
4. bessere Aufklärung: Bsp. schon beim Erwerb eines Führerscheins o. bei Geburt eines Kindes, nicht erst bei Trauer um Angehörigen, ist sehr <u>unpassender</u> Moment.
5. evtl. Aufklärungsmaßnahmen in der Bevölkerung, Freiwilligkeit!!
6. Aufklärung, Information
7. Aufklärung
8. mehr Aufklärung unter der Bevölkerung
9. Primär sollte viel mehr über gesunde Lebensweise geredet werden.
10. mehr Aufklärung der Bevölkerung in verständlicher Form
    schärfere Gesetze gegen den kriminellen Organhandel, um der Bevölkerung die Angst zu nehmen, zu frühzeitig seiner Organe entledigt zu werden
11. ausreichende fachliche Informationen für die Menschen
    mehr Aufrufe zur Organspende
12. mehr positive Info's über Transpl.
    Schulung der Ärzte, um bei der Bitte um Transplantation ein höheres Maß an Verständnis zu erreichen.
13. intensive Aufklärung durch dementsprechende Veranstaltungen, durch Medien etc. → Thema nicht weiterhin tabuisieren wie bisher
    Menschen dafür sensibilisieren, Ängste nehmen, aufklären ...
14. bessere Aufklärung in Funk und Fernsehen
    offizielle Anerkennung der Lebendorganspende unter Verwandten
15. mehr Aufklärung,
    Verringerung und Vermeidung von illeg. Organhandel
17. die Genforschung vorantreiben

17. bessere Aufklärung bzgl. dem Erhalt eines Spenderausweises
der Betroffene entscheidet zu Lebzeiten selbst,
Entlastung der Hinterbliebenen, die aufgrund von Trauer o. zu kurzer Entscheidungsdauer eine Organspende eher ablehnen
18. bessere Aufklärung,
Medien verunsichern zu sehr,
Pflicht zum Spenderausweis für jeden (Entscheidung zu Lebzeiten und nicht von den Angehörigen)
19. noch mehr Informationen anbieten (z. Bsp. kostenlose Prospekte verteilen)
20. Da es tatsächlich Missbräuche gibt, haben die Menschen Angst. Jeder sollte seine Meinung vertreten und die anderer respektieren. Es sollte niemanden ins Gewissen geredet werden!
21. mehr Information an Bevölkerung
qualitative bessere Info's über Medien
22. Sensibilisierung der Bevölkerung für diese Thema.
Aufklärung über den Hirntod,
Notwendigkeit, und die daraus entstandene neue Lebensqualität bei Transplantierten aufzeigen
23. durch gezielte Aufklärung Ängste vor Transplantation u. Organspende vermindern
24. mehr Erfolge von Transplantationen aufzeigen
Transplantationsgesetz mehr veröffentlichen
25. Viele Menschen schieben dieses" unangenehme" Thema vor sich her und sind sich der Tatsache nicht bewusst, wie schwer diese Entscheidung den Angehörigen fällt. Tritt Unsicherheit auf, wird meistens eine Spende abgelehnt, zudem ist der Zeitpunkt der Entscheidung sehr ungünstig!
26. mehr Info's über Medien – Funk, Fernsehen, Zeitung –
transplantierte Personen fragen
27. öffentliche Veranstaltungen für jeden
28. bessere Aufklärung der Bevölkerung, mehr Öffentlichkeitsarbeit,
weitere Schulungen des medizinischen Personals
29. ausreichende Informationen
30. Forschung - Versuch Herstellung künstlicher Organe - Versuch Entnahme tierischer Organe
31. noch mehr Informationen durch Presse, Funk und Fernsehen,
vor allem für nicht medizinischen Teil der Bevölkerung,
Vorurteile ausräumen (Organhandel → angebliche Bereicherung Einzelner; Menschen sind nicht wirklich tot → Maschinen werden einfach abgestellt, um an die Organe zu kommen)
Informationsstände auf Stadtfesten,
mehr öffentliche Führungen in pathologischen Instituten (z. Bsp. Pathologie der Uni H.)

vielleicht würfe es Angehörigen leichter fallen, sich für eine Organentnahme zu entscheiden, wenn sie grobe Angaben zum Empfänger bekämen)
32. umfassendere Aufklärung, Berichtigung sogenannter „Sensationsberichte"
33. statt Einwilligung zur Organspende lieber schriftliche Festlegung für Nicht-Organspende!
34. mehr Aufklärung der Bevölkerung
35. verstärkte Aufklärung der Bevölkerung,
besserer Umgang mit den Angehörigen
36. bessere Information der Bevölkerung
37. öffentliche Aufklärung durch Medien muss stärker werden
38. bessere Information über Hirntoddiagnostik
Information procedere bis zur Explantation
39. mehr Aufklärung der Bevölkerung, am besten über die Medien
40. Aufklärung,
Gespräche, damit sich andere schon bei Lebzeiten Gedanken über dieses Thema machen und bei positiver Einstellung sich in einem Organspendeausweis dazu bereit erklären

Klinik B Ärzte

1. bessere Aufklärung der Menschen im Vorfeld, nicht erst beim Tod eines nahen Angehörigen
2. Organspende nach „DDR – Standard" (Zustimmung zur Organspende wird vorausgesetzt, soweit der Pat. nicht schriftlich verweigerte)
3. Kollegen in Krankenhäusern, die nicht direkt mit Transplantationen beschäftigt sind, verstärkt für dieses Thema sensibilisieren („an Organspende denken")
4. exakte Indikationsstellung in Bezug auf Grunderkrankung, Alter, etc.
5. Information
6. Aufklärung

Die Reihe RECHT UND MEDIZIN wird von den Professoren Deutsch (Göttingen), Laufs (Heidelberg) und Schreiber (Göttingen) herausgegeben. Ihre Aufgabe ist es, Monographien und Dissertationen auf dem Gebiet des medizinischen Rechts zu veröffentlichen. Dieses Gebiet, das an Bedeutung noch zunehmen wird, umfaßt auf der juristischen Seite sowohl zivilrechtliche als auch straf- und öffentlich-rechtliche Fragestellungen. Die Fragen können von der juristischen oder von der medizinischen Seite aus untersucht werden. Übergreifendes Ziel ist es, den medizin-rechtlichen Fragen nicht etwa ein gängiges juristisches Denkschema überzuwerfen, sondern die besonderen Probleme der Regelung medizinischer Sachverhalte eigenständig aufzufassen und darzustellen.

Die Adressen der drei Herausgeber sind:

> Prof. Dr. Dr. h.c. Erwin Deutsch (Zivilrecht und Rechtsvergleichung)
> Höltystraße 8
> 37085 Göttingen

> Prof. Dr. Dr. h.c. Adolf Laufs (Zivilrecht und Rechtsgeschichte)
> Kohlackerweg 12
> 69151 Neckargemünd

> Prof. Dr. Dr. h.c. Hans-Ludwig Schreiber (Strafrecht und Rechtstheorie)
> Grazer Str. 14
> 30519 Hannover

RECHT UND MEDIZIN

Band 1 Erwin Deutsch: Das Recht der klinischen Forschung am Menschen. Zulässigkeit und Folgen der Versuche am Menschen, dargestellt im Vergleich zu dem amerikanischen Beispiel und den internationalen Regelungen. 1979.

Band 2 Thomas Carstens: Das Recht der Organtransplantation. Stand und Tendenzen des deutschen Rechts im Vergleich zu ausländischen Gesetzen. 1979.

Band 3 Moritz Linzbach: Informed Consent. Die Aufklärungspflicht des Arztes im amerikanischen und im deutschen Recht. 1980.

Band 4 Volker Henschel: Aufgabe und Tätigkeit der Schlichtungs- und Gutachterstellen für Arzthaftpflichtstreitigkeiten. 1980.

Band 5 Hans Lilie: Ärztliche Dokumentation und Informationsrechte des Patienten. Eine arztrechtliche Studie zum deutschen und amerikanischen Recht. 1980.

Band 6 Peter Mengert: Rechtsmedizinische Probleme in der Psychotherapie. 1981.

Band 7 Hazel G.S. Marinero: Arzneimittelhaftung in den USA und Deutschland. 1982.

Band 8 Wolfram Eberbach. Die zivilrechtliche Beurteilung der *Humanforschung*. 1982.

Band 9 Wolfgang Deuchler: Die Haftung des Arztes für die unerwünschte Geburt eines Kindes ("wrongful birth"). Eine rechtsvergleichende Darstellung des amerikanischen und deutschen Rechts. 1984.

Band 10 Hermann Schünemann: Die Rechte am menschlichen Körper. 1985.

Band 11 Joachim Sick: Beweisrecht im Arzthaftpflichtprozeß. 1986.

Band 12 Michael Pap: Extrakorporale Befruchtung und Embryotransfer aus arztrechtlicher Sicht; insbesondere: Der Schutz des werdenden Lebens in vitro. 1987.

Band 13 Sabine Rickmann: Zur Wirksamkeit von Patiententestamenten im Bereich des Strafrechts. 1987.

Band 14 Joachim Czwalinna: Ethik-Kommissionen - Forschungslegitimation durch Verfahren. 1987.

Band 15 Günter Schirmer: Status und Schutz des frühen Embryos bei der *In-vitro*-Fertilisation. Rechtslage und Diskussionsstand in Deutschland im Vergleich zu den Ländern des angloamerikanischen Rechtskreises. 1987.

Band 16 Sabine Dönicke: Strafrechtliche Aspekte der Katastrophenmedizin. 1987.

Band 17 Erwin Bernat: Rechtsfragen medizinisch assistierter Zeugung. 1989.

Band 18 Hartmut Schulz: Haftung für Infektionen. 1988.

Band 19 Herbert Harrer: Zivilrechtliche Haftung bei durchkreuzter Familienplanung. 1989.

Band 20 Reiner Füllmich: Der Tod im Krankenhaus und das Selbstbestimmungsrecht des Patienten. Über das Recht des nicht entscheidungsfähigen Patienten, künstlich lebensverlängernde Maßnahmen abzulehnen. 1990.

Band 21 Franziska Knothe: Staatshaftung bei der Zulassung von Arzneimitteln. 1990.

Band 22 Bettina Merz: Die medizinische, ethische und juristische Problematik artifizieller menschlicher Fortpflanzung. Artifizielle Insemination, In-vitro-Fertilisation mit Embryotransfer und die Forschung an frühen menschlichen Embryonen. 1991.

Band 23 Ferdinand van Oosten: The Doctrine of Informed Consent in Medical Law. 1991.

Band 24 Stephan Cramer: Genom- und Genanalyse. Rechtliche Implikationen einer "Prädiktiven Medizin". 1991.

Band 25 Knut Schulte: Das standesrechtliche Werbeverbot für Ärzte unter Berücksichtigung wettbewerbs- und kartellrechtlicher Bestimmungen. 1992.

Band 26 Young-Kyu Park: Das System des Arzthaftungsrechts. Zur dogmatischen Klarstellung und sachgerechten Verteilung des Haftungsrisikos. 1992.

Band 27 Angela Könning-Feil: Das Internationale Arzthaftungsrecht. Eine kollisionsrechtliche Darstellung auf sachrechtsvergleichender Grundlage. 1992.

Band 28 Jutta Krüger: Der Hamburger Barmbek/Bernbeck-Fall. Rechtstatsächliche Abwicklung und haftungsrechtliche Aspekte eines medizinischen Serienschadens. 1993.

Band 29 Alexandra Goeldel: Leihmutterschaft – eine rechtsvergleichende Studie. 1994.

Band 30 Thomas Brandes: Die Haftung für Organisationspflichtverletzung. 1994.

Band 31 Winfried Grabsch: Die Strafbarkeit der Offenbarung höchstpersönlicher Daten des ungeborenen Menschen. 1994.

Band 32 Jochen Markus: Die Einwilligungsfähigkeit im amerikanischen Recht. Mit einem einleitenden Überblick über den deutschen Diskussionsstand. 1995.

Band 33 Meltem Göben: Arzneimittelhaftung und Gentechnikhaftung als Beispiele modernen Risikoausgleichs mit rechtsvergleichenden Ausblicken zum türkischen und schweizerischen Recht. 1995.

Band 34 Regine Kiesecker: Die Schwangerschaft einer Toten. Strafrecht an der Grenze von Leben und Tod – Der Erlanger und der Stuttgarter Baby-Fall. 1996.

Band 35 Doris Voll: Die Einwilligung im Arztrecht. Eine Untersuchung zu den straf-, zivil- und verfassungsrechtlichen Grundlagen, insbesondere bei Sterilisation und Transplantation unter Berücksichtigung des Betreuungsgesetzes. 1996.

Band 36 Jens-M. Kuhlmann: Einwilligung in die Heilbehandlung alter Menschen. 1996.

Band 37 Hans-Jürgen Grambow: Die Haftung bei Gesundheitsschäden infolge medizinischer Betreuung in der DDR. 1997.

Band 38 Julia Röver: Einflußmöglichkeiten des Patienten im Vorfeld einer medizinischen Behandlung. Antezipierte Erklärung und Stellvertretung in Gesundheitsangelegenheiten. 1997.

Band 39 Jens Göben: Das Mitverschulden des Patienten im Arzthaftungsrecht. 1998.

Band 40 Hans-Jürgen Roßner: Begrenzung der Aufklärungspflicht des Arztes bei Kollision mit anderen ärztlichen Pflichten. Eine medizinrechtliche Studie mit vergleichenden Betrachtungen des nordamerikanischen Rechts. 1998.

Band 41 Meike Stock: Der Probandenschutz bei der medizinischen Forschung am Menschen. Unter besonderer Berücksichtigung der gesetzlich nicht geregelten Bereiche. 1998.

Band 42 Susanne Marian: Die Rechtsstellung des Samenspenders bei der Insemination / IVF. 1998.

Band 43 Maria Kasche: Verlust von Heilungschancen. Eine rechtsvergleichende Untersuchung. 1999.

Band 44 Almut Wilkening: Der Hamburger Sonderweg im System der öffentlich-rechtlichen Ethik-Kommissionen Deutschlands. 2000.

Band 45 Jonela Hoxhaj: Quo vadis Medizintechnikhaftung? Arzt-, Krankenhaus- und Herstellerhaftung für den Einsatz von Medizinprodukten. 2000.

Band 46 Birgit Reuter: Die gesetzliche Regelung der aktiven ärztlichen Sterbehilfe des Königreichs der Niederlande – ein Modell für die Bundesrepublik Deutschland? 2001. 2. durchgesehene Auflage 2002.

Band 47 Klaus Vosteen: Rationierung im Gesundheitswesen und Patientenschutz. Zu den rechtlichen Grenzen von Rationierungsmaßnahmen und den rechtlichen Anforderungen an staatliche Vorhaltung und Steuerung im Gesundheitswesen. 2001.

Band 48 Bong-Seok Kang: Haftungsprobleme in der Gentechnologie. Zum sachgerechten Schadensausgleich. 2001.

Band 49 Heike Wachenhausen: Medizinische Versuche und klinische Prüfung an Einwilligungsunfähigen. 2001.

Band 50 Thomas Hasenbein: Einziehung privatärztlicher Honorarforderungen durch Inkassounternehmen. 2002.

Band 51 Oliver Nowak: Leitlinien in der Medizin. Eine haftungsrechtliche Betrachtung. 2002.

Band 52 Christina Herrig: Die Gewebetransplantation nach dem Transplantationsgesetz. Entnahme – Lagerung – Verwendung unter besonderer Berücksichtigung der Hornhauttransplantation. 2002.

Band 53 Matthias Nagel: Passive Euthanasie. Probleme beim Behandlungsabbruch bei Patienten mit apallischem Syndrom. 2002.

Band 54 Miriam Ina Saati: Früheuthanasie. 2002.

Band 55 Susanne Schneider: Rechtliche Aspekte der Präimplantations- und Präfertilisationsdiagnostik. 2002.

Band 56 Uta Oelert: Allokation von Organen in der Transplantationsmedizin. 2002.

Band 57 Jens Muschner: Die haftungsrechtliche Stellung ausländischer Patienten und Medizinalpersonen in Fällen sprachbedingter Mißverständnisse. 2002.

Band 58 Rüdiger Wolfrum / Peter-Tobias Stoll / Stephanie Franck: Die Gewährleistung freier Forschung an und mit Genen und das Interesse an der wirtschaftlichen Nutzung ihrer Ergebnisse. 2002.

Band 59 Frank Hiersche: Die rechtliche Position der Hebamme bei der Geburt. Vertikale oder horizontale Arbeitsteilung. 2003.

Band 60 Hartmut Schädlich: Grenzüberschreitende Telemedizin-Anwendungen: Ärztliche Berufserlaubnis und Internationales Arzthaftungsrecht. Eine vergleichende Darstellung des deutschen und US-amerikanischen Rechts. 2003.

Band 61 Stefanie Diettrich: Organentnahme und Rechtfertigung durch Notstand? Zugleich eine Untersuchung zum Konkurrenzverhältnis von speziellen Rechtfertigungsgründen und rechtfertigendem Notstand gem. § 34 StGB. 2003.

Band 62 Anne Elisabeth Stange: Gibt es psychiatrische Diagnostikansätze, um den Begriff der schweren anderen seelischen Abartigkeit in §§ 20, 21 StGB auszufüllen? 2003.

Band 63 Christiane Schief: Die Zulässigkeit postnataler prädiktiver Gentests. Die Biomedizin-Konvention des Europarats und die deutsche Rechtslage. 2003.

Band 64 Maike C. Erbsen: Praxisnetze und das Berufsrecht der Ärzte. Der Praxisverbund als neue Kooperationsform in der ärztlichen Berufsordnung. 2003.

Band 65 Markus Schreiber: Die gesetzliche Regelung der Lebendspende von Organen in der Bundesrepublik Deutschland. 2004.

Band 66 Thela Wernstedt: Sterbehilfe in Europa. 2002.

Band 67 Axel Thias: Möglichkeiten und Grenzen eines selbstbestimmten Sterbens durch Einschränkung und Abbruch medizinischer Behandlung. Eine Untersuchung aus straf- und betreuungsrechtlicher Perspektive unter besonderer Berücksichtigung der Problematik des apallischen Syndroms. 2004.

Band 68 Jutta Müller: Ärzte und Pflegende, die keine Organe spenden wollen. Transplantatmangel muss nicht sein. 2004.

Alexandra Pfeiffer

Die Regelung der Lebendorganspende im Transplantationsgesetz

Frankfurt am Main, Berlin, Bern, Bruxelles, New York, Oxford, Wien, 2004.
210 S.
Frankfurter kriminalwissenschaftliche Studien.
Verantwortlicher Herausgeber: Ulfrid Neumann. Bd. 83
ISBN 3-631-51222-8 · br. € 39.00*

Am 27.06.1997 hat der deutsche Bundestag das Gesetz über die Spende, Entnahme und Übertragung von Organen (Transplantationsgesetz – TPG) beschlossen, welches am 1.12.1997 in Kraft getreten ist. Geregelt wird darin unter anderem, welchen Zulässigkeitsvoraussetzungen die Lebendspende unterliegt. Das Ziel dieser Arbeit ist es, die rechtlichen Grenzen der Lebendspende aufzuzeigen und verfassungsrechtlich zu untersuchen. Es wird geprüft, ob es dem Gesetzgeber im Rahmen des Transplantationsgesetzes gelungen ist, einen differenzierten Interessenausgleich zwischen den Bedürfnissen und Grundrechten des Spenders, des Spendeempfängers und des Arztes zu erzielen.

Aus dem Inhalt: Entstehungsgeschichte und Motive des TPG · Die rechtliche Einordnung der Organtransplantationen vom lebenden Spender · Verfassungsrechtliche Bedenken hinsichtlich der Zulässigkeitsvoraussetzungen des § 8 TPG und deren teilweiser strafrechtlicher Absicherung in § 19 Abs. 2 TPG · Die Konkurrenzproblematik des § 19 Abs. II TPG zu §§ 223 ff. StGB: Weiterer bestehender Schutz durch das Kernstrafrecht · Das Erfordernis einer nichtkommerziellen Lebendspende

Frankfurt am Main · Berlin · Bern · Bruxelles · New York · Oxford · Wien
Auslieferung: Verlag Peter Lang AG
Moosstr. 1, CH-2542 Pieterlen
Telefax 00 41 (0) 32 / 376 17 27

*inklusive der in Deutschland gültigen Mehrwertsteuer
Preisänderungen vorbehalten
Homepage http://www.peterlang.de